中国新供给经济学研究书系
BOOKS OF STUDIES IN CHINA NEW SUPPLY-SIDE ECONOMICS

供给侧改革

新供给简明读本

贾 康 苏京春◎著

中信出版集团 · CHINACITICPRESS · 北京

图书在版编目（CIP）数据

供给侧改革：新供给简明读本／贾康，苏京春著
．--北京：中信出版社，2016.2（2016.5重印）
ISBN 978-7-5086-5891-9

Ⅰ．①供… Ⅱ．①贾… ②苏… Ⅲ．①中国经济－经济改革－研究 Ⅳ．①F12

中国版本图书馆CIP数据核字（2016）第024260号

供给侧改革：新供给简明读本

著　　者：贾　康　苏京春
策划推广：中信出版社（China CITIC Press）
出版发行：中信出版集团股份有限公司
（北京市朝阳区惠新东街甲4号富盛大厦2座　邮编　100029）
（CITIC Publishing Group）
承 印 者：北京通州皇家印刷厂

开　　本：880mm×1230mm　1/32　　印　　张：9　　字　　数：200千字
版　　次：2016年2月第1版　　印　　次：2016年5月第3次印刷
广告经营许可证：京朝工商广字第8087号
书　　号：ISBN 978-7-5086-5891-9/F·3591
定　　价：49.00元

写在前面的话

“供给侧”可说是2015年年末以来的中国经济热词。2015年12月闭幕的中央经济工作会议指出，推进供给侧结构性改革，是适应和引领经济发展新常态的重大创新，是适应国际金融危机发生后综合国力竞争新形势的主动选择，是打造经济升级版的客观要求。然而，许多人可能对“供给侧”了解并不多。

为什么今天的中国经济要强调“供给侧”改革呢？

“供给侧”在经济学领域虽然并不是一个新鲜词汇，但一直没有受到足够重视。我在2013年和同道者发起成立“华夏新供给经济学研究院”和“新供给经济学50人论坛”，对经济学界关于“供给侧”的认知变化感触颇深。

在过去的需求管理理论中，掌握好投资、消费和进出口这“三驾马车”就认为可处理好经济运行的动力问题。金融危机冲击下，在一线承担决策责任的一些领袖人物发出了这样的疑问：为什么没有经济学家稍微清晰一点地对我们做出预警？相关的反思中，首先要看到已有经济学理论的不足，应比较直率地指出：主流经济学的认知框架其实是不对称的。古典经济学、新古典经济学和凯恩斯主义经济学存在着一种共同失误，他们在理论框架里假设了供给环境，然后更为强调的只是需求端、需求侧的深入分析和在这方面形成的政策主张，他们都存在着忽视供给端和供给侧的共同问题。

仅将“三驾马车”放在需求侧看待，这一认识并不完整。比如，仅从需求侧看消费，就带有过强的静态特征和认识局限，许多新消费动力的产生并非因为消费需求发生了变化，而恰恰是对消费的供给发生了变化。比如以手机产品为例，在还没有被发明出来前，是完全没有这一块消费需求存在的。在这种新兴产品投放市场后，直接的表现就是供给侧变化使需求侧产生了相应增量，这仅从需求侧无法观察到。

在经济学中，供给与需求是同时存在的一对关系。总体而言，政府的需求管理是总量管理，侧重于在反周期概念下，各个年度短期视野内调节经济生活中银根的松和紧、施行总量的刺激或收缩。供给管理则更多地着眼于中长期和全局的发展后劲，考虑不同角度的结构优化，区别对待、突出重点、兼顾一般、协调匹配等，而且需要引入制度供给问题，把物质生产力要素与人际生产关系变革打通来寻求优化方案，显然，供给管理的复杂程度远远高于需求管理。

从应对亚洲金融危机和世界金融危机冲击的实践来看，我国在“反周期”总量调控为主的需求管理轨道上，继续可用的调控手段和作用空间已明显受限，仅以短中期调控为眼界的需求管理已不能适应客观需要，亟须注重在整个经济体系的供给侧，如何组织实施政府“理性的供给管理”。

当前，按照“新常态”概念看，经济运行中“新”显然已明朗化，但是“常”还没有实现，需要在运行中完成探底，在整个经济企稳后对接“增长质量提升”境界，而且尽可能长久地形成中高速增长平台。为了处理好新阶段“动力机制转换和优化”问题，需要考虑“怎么促使微观经济主体潜力和活力充分释放”，需要建构经济增长的新动力机制。

在传统的需求管理还有一定作用和优化提升空间的同时，我们迫切需要以创造新供给来引领释放新需求，通过着力改善供给环境、优化供给侧机制，特别是通过改进制度供给，大力激发微观经济主体活力，构建、塑造和强化我国经济长期稳定发展的新动力。

我所在的中国新供给经济学研究群体已努力进行了多年的供给侧研究。我们认为中国最根本的改革开放大政方针下的转轨，首先是作为一种制度供给，支持了前30多年所取得的成就，但进一步深化改革的任务又异常艰巨。当前，我国经济仍面临严重的供给约束和供给抑制，是我们在改革深化中所必须解决的、实质性供给侧创新的“攻坚克难”。

支持经济增长特别是长期增长的要素，所谓“动力源”，在理论上分析主要是五个方面：劳动力，土地和自然资源，资本，科技创新，制度。主要的国际经验都表明，各个经济体在进入中等收入阶段之前，前面三项对经济增长的贡献容易比较多地生成和体现出来。一般经济体在发展过程的初期与“起飞”阶段中，强调所谓“要素投入驱动”、体现为粗放发展，是和这有关的。在进入中等收入阶段之后，后面两项即科技创新、制度方面，可能形成的贡献会更大，而且极为关键。时下热议的所谓“全要素生产率”，主要就是指后面这两项能够给予的新支撑。

所以，中国新时期的增长动力构建，实际上是工业化、城镇化、市场化、国际化、信息化，加上政治文明概念下的民主法治化发展过程中经济生活供给侧的五大要素，需合乎规律地优化形成升级版的混合动力体系。结合我国实际情况，这几大要素都存在明显的供给约束和供给抑制，需要通过全面的制度改革化解制约，特别是使后两项要素更多贡献出对前三项要素的动力替代效应，进一步释放经济社会微观主体的潜力，提高经济增长活力，也即所谓的“供给侧结构性改革”与“提高全要素生产率”，落在提升供给体系的质量和效率上。

作为一个转轨中的发展中大国，我们要追求“追赶—赶超”、后来居上的现代化。过去我们更多依靠“后发优势”，现在必须努力转为更多地争取供给侧发力的“先发优势”，这样一个大思路定位必然是守正出奇，即在充分尊重市场在资源配置中总体决定性作用的同时，要在政府履行职能方面有意识地把总量型需求管理与结构型供给管理相互结合，特别是把理性供给管理作为“十三五”规划及中长期中国经济升级发展、可持续发展的内在要求和重要组成部分，并紧密结合“有效制度供给”这一改革的关键。

经济学是一门与实践密不可分的致用学科，新供给经济学是在中国本土研究者中抱着“经世济民”的情怀与追求产生和发展起来的。我很期待这样的学术理论研究能够避免走“空谈误国”的迷途，而实实在在地做到胸怀世界、脚踏实地，在“不唯上、不唯书、只唯实”的道路上为中国经济发展、社会进步服务。本书作为新供给经济学的简明读本，在中信出版社乔卫兵副总编及相关工作人员的宝贵支持、共同努力下得以较快面世，在此深表感谢！我与合作者苏京春博士也衷心期待着在“供给侧”改革及相关问题的认识思考与深化研讨中，得到各位读者的指教！

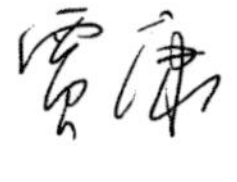

目　录

第二篇　新供给经济学的理论建树

第三篇 新供给经济学的国情分析和政策主张

第一篇

新供给经济学形成的时代背景

1. “需求侧”管理怎么了

关于中国特色的经济社会发展道路的思考，以及深入研讨全面深化体制改革的顶层设计与总体规划的现实要求，一直是思想界的热点。2015 年 11 月召开的中央财经领导小组第十一次会议上，决策层特别强调“着力加强供给侧结构性改革、着力提高供给体系质量和效率”，在学界内外引发广泛热议。我们所在的华夏新供给经济学研究院和新供给经济学 50 人论坛，作为新供给研究群体，已经在这方面做了数年的集体努力。

2008 年，美国次贷危机引发全球金融海啸，其后欧债危机等波澜起伏、冲击不断。中国在应对世界金融危机中的表现和经济率先回升的成绩，又一次引起全世界注目，然而在经受不期而至的世界金融危机冲击之后，中国经济也不得不直面现实：已走到了一个自身“潜在增长率”下台阶而“矛盾凸显”对“黄金发展”瓶颈制约日趋严峻的新阶段，即现在所强调的“新常态”。往前看，寻求经济增长的可持续，必须在“发展是硬道理”升华为“全面协调的科学发展是硬道理”之后，使中长期发展与有效激发、如愿释放内生潜力与活力相结合，从而使经济增长质量真正提高，已强调多年的优化结构、加快发展方式转变落到实处。与此相关的分析认识屡屡指向一个人们无法回避、议论纷纷的问题：为使中国中长期经济增长、结构调整所面临的瓶颈制约得到破解，需要构建什么新的思路？我们认为回答这个问题，首先需要得到理论创新之光的烛照引领。基于20世纪至今波澜壮阔的中国发展实践带给我们的丰富启示和一系列亟应正视的经济学研究课题，我们认为从宏观经济“需求管理”的局限性与“供给管理”的必要性引发的相关认识，具有不可忽视的理论内涵和重大现实意义。

2008年金融危机引发的思考

过去30多年，中国经济实现了年均近10%的高速增长，经济规模在世界各国当中的排名由第10位之后，上升到第2位；基于世界银行2015年发布的数据，2014年中国人均GDP（国内生产总值）已达到7594美元，位列世界第80位。此种巨大规模经济体的长期高速增长，在人类经济史上罕见，堪称“中国奇迹”。这一成就的取得，主要是在“以经济建设为中心”的基本路线指导下，中国在总供给管理（制度供给和结构调整）角度开创性地实现了从计划经济向市场经济转轨的变革，极大地释放了供给潜力，同时也较有效地在运行调控中对总需求进行了管理。但是中国未来 10 ~ 30 年的发展将面临来自内部和外部两方面的减速压力，经济可持续快速发展的难度显著加大。2012 年以来，宏观经济下行已引出经济增长“新常态”的概念和相关讨论。通常，我们可以从两个视角来理解中国的经济增长：第一个视角，是从内部因素看，中国经济的高速增长与自身技术水平提升、改革红利、内需扩大、加大投资等有关。然而，高速增长作为后发经济体在特定追赶时期的一种普遍增长形态，会随着与前沿国家技术差距和其他相关要素、机制差别的缩小，而呈现出经济增长速度规律性地向成熟经济体水平逐步收敛的态势，这意味着在经济发展初期所具备的技术性后发优势、帕累托式（只有人受益而无人受损）的改革红利将消失殆尽。从全球范围来看，拉美地区多国都曾经历 30 年黄金增长期，日本、韩国在赶超的过程中也曾经历先高速增长后逐步放缓的阶段。就中国而言，这种意义上的收敛虽然将横跨较长时期，但增长速度由峰值水平转折性地回落，已经开始①。从 2015 年的宏观

① 刘世锦，等．陷阱还是高墙：中国经济面临的真实挑战与战略选择［M］．北京：中信出版社，2011.

经济运行表现观察，增速由“高速”转为“中高速”这一“新常态”中的“新”已成共识，但经济完成探底企稳而同时有效实现结构优化调整、增长质量提升的“常”，还未实现。第二个视角，是从外部因素看，中国经济的高速增长与全面开放条件下人口、原材料等要素红利作用下的全球化份额攀升有关。然而，自2008年全球经济危机爆发以来，尽管美国、欧洲、日本等经济体采取了以宽松货币政策为核心的宏观经济政策，历经五年在局部及个别时段也曾有一些积极信号，但全球总体形势依然复杂严峻，一方面表明中国以欧美日的需求带动出口，进而带动经济增长的模式在可预见的未来将不可持续，另一方面也表明欧美近几十年的主流经济学派专注于从需求端入手调控经济的思路已面临步入穷途的窘境，需要深入反思。

立足经济增长速度回落的当下，我们感受到既有严峻挑战和风险，又蕴藏着重大的机遇。一方面，倘若不能正确认识潜在经济增长率（通常指某一经济体在各项资源都得到最优配置、既无通胀又无通缩的条件下所能生产的最大产品和劳务总量的增长率）的应有水平而一味通过政策刺激追求经济高速增长，则很可能重蹈日本泡沫经济的覆辙，导致宏观经济大起大落，特别是这一过程还可能与“矛盾凸显”期的“中等收入陷阱”式风险叠加。另一方面，更要看到，这个时期以及未来十年，中国所面临的重大历史机遇仍与供给侧的特殊基本国情、特定经济转轨、特色化结构变迁有关，这些方面反映的关键问题是生产关系的自我调整，而我们的基本判断是这种调整能够继续解放生产力——以体制改革促进结构优化和经济发展方式转变中，充分释放制度供给的潜力空间依然巨大，而制度供给显然可进一步激发全体社会成员参与发展进程的活力，在中等收入阶段培育起以创新为主的接续增长动力，继续促进全要素生产率（通常指产出增长率高于物质要素投入增长率的部分，这部分增长通常来自技术进步与制度改进）稳步而持续地提升。以改革为核心带动中国宏观经济总供给的质量上升，同时促进宏观经济研究中所追求的总供给与总需求的平衡（简称“总供需平衡”），建设更为完善的社会主义市场经济体制。这将为中国经济持续长期繁荣发展及现代化战略目标的实现奠定基础。

2012 年中央经济工作会议指出“全面深化经济体制改革，坚定不移扩大开放”，“要深入研究全面深化体制改革的顶层设计和总体规划，明确提出改革总体方案、路线图、时间表”。其后，从 2013 年党的十八届三中全会到 2014 年党的十八届四中全会，我们已经看到了在经济、社会、政治、文化、生态“五位一体总体布局”之下全面改革相当清晰的框架部署。面对未来的挑战，中共十八大报告提出：“深化改革是加快转变经济发展方式的关键。经济体制改革的核心问题是处理好政府和市场的关系，必须更加尊重市场规律，更好发挥政府作用。”中国应按照党的十八大做出的部署，以改革统领全局。然而，若没有洞悉规律、“对症下药”的经济理论做指导，就不能保证正确的改革路径与方略。改革是大势所趋、人心所向，但怎样改革成功，在很大程度上缘于较充分的理论准备。为此，我们认为中国应该继续坚持邓小平“发展是硬道理”的核心思想，在“科学发展”中以改革统领全局，构建促进“解放和发展生产力”的、促进总供需平衡和结构优化的、促进经济增长方式转变的、强调理性供给侧管理的“新供给经济学”，作为贯彻落实党的十八大提出的战略部署、指导中国未来可持续发展的核心经济理论框架。这也事关中央新近强调的“中国特色社会主义政治经济学”的理论建设。

就全球现状来看，欧洲和日本等国在宏观经济调控方面，主要即是仿效学习美国依靠宽松货币政策促进经济发展，但实际上成效并不明显，纵观全球主要经济体应对金融危机后的复苏对策，可说乏善可陈。“新供给经济学”着重从供给侧发展实体经济、促进就业的核心理念和政策取向，不仅对中国经济增长与经济发展有重要意义，对促进亚非拉发展和欧日走出危机及美国理性总结危机经验也有积极意义。欧日等经济体亦可以考虑适应全球经济一体化以后形成的新的国际经济格局，通过加快变革构建有效提升国际竞争力的经济体制机制，进而发展实体经济来扩大就业、增加需求，而不能再寄希望于回避实施必要的改革而仅依赖于无限期的量化宽松（通常指在极低利率政策下，央行通过购买国债等增加市场的货币供给来增加流动性的宏观经济干预方式）货币政策。

需求管理与货币刺激的失灵

从全球经济实践来看，需求管理与货币刺激已出现大面积失灵。把当前的欧洲债务危机和长期低迷的日本经济前置的“长期引致期”放在一起全面来看，也说明我们在检讨新自由主义（强调自由竞争而反对政府干预）的偏颇的同时，亦十分需要认真吸取传统凯恩斯主义（强调政府扩大赤字来刺激经济增长）的教训。美联储前主席格林斯潘在1966年写的《黄金与经济自由》一文中对美国1929～1933年“大萧条”有过这样的解释：当商业活动发生轻度震荡时，美联储印制更多的票据储备，以防任何可能出现的银行储备短缺问题。美联储虽然获得了胜利，但在此过程中，它几乎摧毁了整个世界经济，美联储在经济体制中所创造的过量信用被股票市场吸收，从而刺激了投资行为，并产生了一次荒谬的繁荣。美联储曾试图吸收那些多余的储备，希望最终成功地压制投资所带来的繁荣，但太迟了，投机所带来的不平衡极大地抑制了美联储的紧缩尝试，并最终导致商业信心的丧失。结果，美国经济崩溃了！——其实，格林斯潘对“大萧条”的解释，就是奥地利学派（强调减少政府管制而主张自由放任）的观点。虽然没有指出准确的时间，但米塞斯（奥地利学派代表人物）和哈耶克（新自由主义代表人物）确实预测到了“大萧条”的到来。政府失灵要比市场失灵更可怕地造成“大起大落”。在此意义上，我们应该永远铭记朱格拉医生的名言：“萧条的唯一原因是繁荣”！

但也必须遗憾地指出，无论是格林斯潘本人，还是欧洲、日本的决策者，在另一方面即在单一需求侧视野之内放任市场力量上，其实也犯有不容忽视的错误。美国基于市场环境超宽松考虑而引出的畸高金融杠杆率，导致了世界金融危机，自不必赘言。在欧洲，当人们庆祝欧元及其货币联盟诞生之后，过于沉浸在欧洲一体化的梦想之中，更多的是要享受统一货币带来的好处，而对于需匹配的财政联盟，即维持欧元稳定性与可持续性必不可少的控制财政赤字的有效制度安排，则漫不经心。作为欧元区支柱的德国和法国两个“带头大哥”在2002～2005年财政赤字占GDP比重均已突破了3%，虽然经过调整两国财政情况有些好转，但对于突破限制的行为却没有任何惩罚性的措施，其他小国情况更甚。更为恶劣的是，很多南欧国家只是一心要享受统一的欧元所带来的低利率的好处，任意扩大政府福利开支和放任市场调节来寻求执政者任期内的“得分”。作为经济发展相对落后的希腊，为了尽快达到加入欧元区的标准，甚至通过投资银行的帮助利用金融手段对国家的资产负债表进行“作假”的包装，使得希腊得以在2001年顺利加入欧元区，这一伎俩直至新政府上台发现并在全球金融危机的冲击到来再也无法隐瞒的情况下，才被公之于众。由于希腊长期以来消费过多，社会福利负担过重，财政赤字长期无法实现“马约”的要求，终于出现了四面楚歌的危险境况。

日本的教训更是深刻。在面对20世纪六七十年代大规模顺差和日元升值压力时，日本本应主动进行政策调整。但是，按照日本中央银行前副行长绪方四十郎的话说，当时日本“社会心态膨胀，对日本经济过于自信，尤其是国家领导人的心理膨胀，政策决策者们开始变得傲慢，听不进外面的意见，本该主动从自己的角度早做政策调整，但调整的严重延迟，最终导致日本当时无力应付国内市场运行和国际政治的双重压力，最终做出了被动性调整。而那之后，我们其他的经济政策调整（如紧缩货币政策），实际上仍然是一个个地被耽误”。这里，需要澄清的一个误解是，国内对日本“失去二十年”的解读，往往归咎于广场协议的日元被迫升值，但这在国际和日本国内并非主流认识。日元升值至多只是其中因素之一，并不是最重要的因素，极度宽松的货币政策和资产泡沫才是症结所在。长期在日本财务省任职的现任亚洲开发银行行长黑田东彦就是这一观点的代表。特别是，日本社会特有的终身雇佣制度及政策救助企业的强烈倾向，再加上日本自 1999 年以来长达十多年的几乎零利率政策，最终只是造就了占据大量资源的僵尸企业，严重缺乏“创造性破坏”，而这正是熊彼特企业家理论和经济周期理论的基础。

与日本相比较，德国经验值得借鉴。同样是广场协议后，德国马克大幅升值 36%，但德国并没有开展大规模刺激政策。时任联邦德国经济发展专家委员会主席的施奈德教授在解释当时政策的出发点时指出，对于解决失业问题，凯恩斯的需求管理政策可以在短期内奏效，但是无法在长期中根本性地解决问题。增加就业要靠投资，但利率下降只是暂时性、一次性减少了企业的投资成本，而企业投资是一种长期行为，最终将取决于利润率情况。因此，他主张德国政府应该采取措施改善企业盈利的环境，而不是一味地对经济直接进行刺激。1982 年至 1987 年，德国财政赤字占 GDP 比重，由 3.3% 递减到了 0.4% 的水平。在税收政策方面，对企业和个人大幅减税；在财政支出方面也通过减少补贴等手段削减开支。这些是在约束政府作用方面的理性的、机制性的调整。另一方面，政府又确实有所作为：在削减财政收支的同时，注重对经济结构的调整，用财政补贴资助投资周期长、风险大的一些生产行业；积极支持企业的研发，并向劳动者提供各种培训及其他形式的帮助，从而提高劳动者的素质。如果不考虑两德统一的影响，广场协议后的德国经济一直保持了2%左右的温和增长。至今，德国成为表现稳定且有可持续性的经济体，在金融危机冲击下仍无大患，也因而成为维系欧元区不解体的决定性力量。

简言之，在国外经济实践中，遵循凯恩斯主义问世以来主流经济学所强调的需求管理路径，以及运用货币刺激宏观经济繁荣的手段，在短期内往往是有显著效果的，而放眼于经济结构调整等中长期国民经济发展问题，需求管理手段则更多表现出其局限性，更有在实践中出现明显负面效应、不良结果的前车之鉴。由此我们需要清醒地意识到，对于中国这样一个超大体量的发展中大国，宏观经济调控思路与手段如何把握，基于全面反思的理念创新，思路调整，至关重要。

需求侧总量调控在中国亦不可“包打天下”

如上所述，需求管理往往主要通过总量调控的货币收缩—刺激与财政政策配合来实现，而经济实践现实中，总量调控往往不足以“包打天下”，在以中国为代表的新兴市场经济中更是如此。“通货膨胀不管何时何地都是一种货币现象”的弗里德曼式“经典表述”，虽然实践已经证明这种表述带有明显的片面性，但生活中却很容易使人们形成一种简单的认知，那就是物价上涨完全是由于货币过多、通货膨胀，而若将这一认知唯一地联通到宏观调控的货币政策（以及财政政策配合）上，就是把“抽紧银根”作为解决通胀问题的不二法门、完全手段（相应地，情形反过来的通缩阶段则为“放松银根”）。然而，如果具体考察一下中国近些年物价上涨的原因，不难发现较明显的“结构性物价上涨”特征，虽然有主张完全依靠需求管理的学者质疑这种表述，但这种特征切实存在。比如根据国家统计局的分析，从2007年下半年到2009年上半年连续多个季度幅度为8%左右的消费者物价指数（CPI）上涨中，食品价格占6.8%左右，房价占1%左右，其余仅占0.2%。对于这种情况，必然引出的理论分析解释是：在那一阶段，中国除可能存在银根偏松带来的涨价因素外，还存在着食品类少数龙头产品“供不应求”“成本推动”式的涨价因素，调控当局如能够在“供给侧”着手，有针对性地着力于较快增加这些产品的有效供给，便有可能相应产生缓解物价上涨势头的调控效果，而无须全面实行需求侧“一刀切”的收紧银根来求得对物价的控制（当时也确实针对粮、肉的生产采取了针对性的支持措施，其后的政策效果可以看得比较清楚)。

这种供给侧“区别对待”的调控模式，对于十分发达成熟的市场经济国家适应性概率相对较低，因为较充分的市场竞争和要素自由流动机制能够自然而然地、自发地消化较大的结构性不均衡，于是对于宏观调控当局来说，便主要留下了需求管理的任务和总量调控方面简单抽放银根的方式。当然，世界性金融危机“百年一遇”式的出现，实际上打乱了原来理解的市场机制，从而致使供给管理的任务在美国等发达成熟的市场经济国家突然浮出水面。相对于市场机制较为完善的发达经济体，现阶段的中国作为新兴市场经济体，市场健全程度远远不能与发达经济体同日而语，上述“结构性物价上涨”实证情况和供给侧“区别对待”调控模式的适用性概率便极高，甚至成为宏观调控实践中应偏重的主导形态。考察分析表明，中国经济存在十分突出的基本国情制约问题和结构问题，客观上需要特别注重结构性对策，宏观调控目标的达成，往往更需倚重“供给侧”发力实现。以优化结构为核心的“供给侧”管理，应成为中国特色经济学理论完整框架中的重要组成部分，进而应成为宏观调控中极重要的可选方式，在现阶段的中国具有不可忽视的地位。

若对现实经济生活加以具体分析，我们可进一步清楚地看到，不论在世界金融危机发生之前还是之后，中国不论是存在较明显的流动性过剩和通胀压力，还是迅速演变为流动性不足和通缩压力，都存在某些领域明显的有效供给不足、投入滞后，即结构性的供需失衡。如能运用政府财力和其他可用财力着重强化经济社会的薄弱方面和“短线”领域，具有在宏观经济“反周期”调节操作的不同阶段、在经济社会转轨的“矛盾凸显期”改进民生及消解矛盾并在“黄金发展期”维持良好发展势头的重大意义。

现阶段中国亟待进行针对性结构优化的领域来看，至少可以重点认识以下六个方面。

第一，中国的基本国情首先是世界上最大的发展中国家和最大的二元经济体，为解决好“三农”问题，需要在广阔的农村积极稳妥地推进农业产业化、新型工业化和新型城镇化，以及基本公共服务均等化，加快实施最终融合于“城乡一体化”的社会主义新农村建设。这需要在一个历史时期中从“托底”事项（如“十三五”规划时期要使农村区域7000万贫困人口“一个都不能少”地脱贫）做起，到对各阶段上不同的重点和区分先后顺序、衔接关系，投入天文数字的财力。面对新农村建设、新型城镇化和基本公共服务均等化，我们的投入不是多了，而是不足，大量事情只能循序渐进、逐步去办。宏观经济低迷下行时，按照凯恩斯主义强调的反周期扩张性政策，还可以尽力在以上这些方面多办一些事，但关键是要处理好供给侧的结构特征。

第二，中国的区域间差异在这些年的发展过程中还未得到很好缩小，甚至一些方面还有所扩大，亟须通过合理的统筹协调来有效贯彻中央确定的西部大开发战略、振兴东北老工业基地战略、中部崛起战略以及近年来陆续明确概念的数十项不同区域的发展战略，特别是2015年前后聚焦的“京津冀一体化”、长江中游经济带和以“走出去”为导向的“一带一路”战略，落实在财政政策层面，就是加大中央政府转移支付力度，控制区域差距、促进区域协调发展。这当然也需要为数可观的财力，相关方面的投入绝不是多了，而是还很不足，特别是要做好一整套“区别对待”的安排。

第三，中国在争取2020年实现全面小康和努力构建和谐社会的过程中，有与民生密切相关的一系列公共产品和公益服务，亟待增加供给。如实行义务教育全面免费，建立城镇基本医疗保障体系和农村合作医疗体系，健全养老金个人账户，健全已有的城市居民低收入保障制度和在全国农村普遍实施“低保”和“大病统筹”制度；发展城镇住房基本保障制度；保护生态、治理雾霾为代表的环境污染，以及改进城乡人居环境（如解决数千万人尚未得到安全饮水保证条件的问题），等等，莫不需要定向运用大量的资金，相关投入只嫌其少，不嫌其多，而且结构优化的掌握又成为其关键。

第四，中国为有效促进经济增长方式转变，实现可持续发展，必须按照国家中长期科技发展规划的要求走创新型国家之路。为支持从发展基础科研、实施国家科技重大项目到促进科技成果产业化各个方面的自主创新，必须在实行科技体制和管理体系改革、提升绩效的同时，下决心增加科技投入，这着重是支持列入国家中长期科技发展规划的 16 个重大专项——近年这方面的资金投入虽节节上升，但某些重要的需求仍未得到很好满足，我们仍然是处于资金制约之下的科技投入相对不足、机制专项不到位状态。

第五，中国的社会保障体系还在逐步构建、健全的过程之中，还应继续瞻前顾后适当充实战略性的社保基金以应对人口老龄化带来的支付高峰、填补转轨成本。几年前已启动的覆盖全民的医疗卫生服务体系建设（“新医改”），在已投入超过万亿元的资金支持之后，仍需巨量的新增财力“结构化”地投入其关键领域和环节。

第六，中国国防和必要的重点建设，仍需可观的“重点倾斜”式的资金支持。

总之，如果我们在适当宽松的货币政策与扩张性财政政策的搭配，转为积极财政政策与稳健货币政策的搭配之后，继续坚持有区别对待地在中国“三农”、社会保障、区域协调发展、自主创新、节能降耗、生态保护、国防等领域运用结构性对策加大要素投入的力度和促进相关机制创新改进，便是通过“供给侧”管理加强了这些经济社会中的薄弱环节，即增加了经济社会中的有效供给，优化了结构，提升了发展质量。这只会改进而不会恶化总供需的平衡状态，只会有利于维护“又好又快”的发展局面而不会助长下一期的通货膨胀和经济过热，而且将会增强中国在国际竞争环境中的综合竞争力和发展后劲，即提升可持续性。在中国的调控实践中，这应该成为一个重大特色。

毋庸讳言，这种“有保有压”“有支持有节制”的结构性“供给管理”方略，也有可能给政府体系带来一种“政府万能”的幻觉和轻易滑向过度调控的危险性（甚至带上“旧体制复归”色彩），所以亟有必要使承担调控之责的各政府部门务必保持清醒头脑，始终把针对结构性问题的“供给侧”管理，掌握在符合市场经济资源配置决定性机制的“政策理性”范围之内，避免做出那些过多、过细碎的行政干预和“越界”调控，特别应强调尽量运用经济手段（经济杠杆）来贯彻宏观经济结构优化的追求。

需求侧“三驾马车”难以解决根本动力问题

多年以来，围绕宏观经济学理论，从经济学新兴学科（如发展经济学、制度经济学、转轨经济学等）到新兴流派

（如货币学派、供给学派、新自由主义等），无一不重视研究经济增长动力的相关问题。在全球范围内，传统宏观经济学关于经济增长的“三驾马车”动力解说一直被奉为圭臬。然而，若细心观察不难发现，从2008年美国应对金融危机时在宏观调控中采用具有针对性的“供给管理”措施，到中国开启全面深化改革时代决心加快推进的经济结构调整，均不失为推动经济增长的切实有效措施。这些并未在主流教科书中被注重、看似不合“华盛顿共识”金科玉律却在经济实践中产生实效的宏观调控手段，已引发学界的广泛讨论，对“三驾马车”究竟是否为经济增长根本动力的讨论也包括于其中。我们所致力构建的新供给经济学认为，仅从需求侧看重“三驾马车”并将其认作经济增长的动力，认识远非完整，因为经济发展动力的认知框架需从需求侧对接供给侧的结构性动力机制构建，才能得以完成。

追根溯源，凯恩斯在《就业、利息与货币通论》中强调的还是“有效需求”这一概念，宏观所指为总供给与总需求动态均衡中有支付能力的总需求，由此而产生的经济增长“三驾马车”理论中所强调的消费、投资、净出口三大动力，自然相应地指向消费需求、投资需求和外资需求。在短期视野和投资、消费、储蓄三部门框架下，传统宏观经济学理论认为有效需求总是不足的：消费者边际消费倾向递减会导致消费需求不足，资本边际效率递减和强流动偏好会导致投资需求不足，并认为这是形成生产过剩危机并导致高失业率的直接原因。加入开放因素分析后，传统宏观经济学理论在四部门框架下认为净出口需求受到实际汇率的影响，而影响程度最终取决于该国出口商品在国际市场上的需求弹性和国内市场对进口商品的需求弹性，总而言之，最终仍落脚在需求侧。

但基于需求的以上认识，并不妨碍我们对经济增长“三驾马车”理论做出一个新视角的定位，即其认识框架实已体现了需求侧管理也必须面对结构性问题，即光讲总量是不够的，必须对总量再做出结构上的划分与考察，这当然可称为是一种认识深化与进步的体现。从灵感源自马尔萨斯需求管理的凯恩斯主义开始，宏观经济学强调的就是侧重于总需求的有效需求层面，并随着微观经济学理论分析框架的更新而抽象为大家所熟知的 AD-AS（总需求 – 总供给）模型。20 世纪 80 年代，以美国经济学家弗里德曼为代表的货币学派强调的实际上就是通过货币总量来调节宏观经济。而以消费、投资和出口为核心的经济增长“三驾马车”理论，则使一直以关注总量为己任的需求管理实已展现出结构性特征。虽然都是基于需求侧的分析，但是从以俄罗斯籍经济学家希克斯的相关研究而抽象产生的宏观经济学模型开始，IS-LM（希克斯－汉森）模型和IS-LM-BP模型显然通过产品市场的决定、货币市场的决定以及开放经济的决定为需求管理拓展出更为广阔、也理应继续得到认识深化的结构性空间，其相关研究也使需求管理得以更好地力求“理论联系实际”来满足宏观调控需要，并实际上在需求侧已难以解决调控当局必须面对的结构性问题，所以会合乎逻辑地延展到“供给管理”问题。

按照经济增长“三驾马车”理论，人们已结构化地将消费、投资和净出口视为需求侧总量之下应划分出来认识经济增长的“三大动力”：从动力的源头追溯，人类社会存在和发展的本原层面的“元动力”，当然是人的需求，有需求才会继之有生产活动来用以提供满足需求的产出，从而产生供给。也是基于这种“元动力”的认识，才有把需求总量作三分的“三动力”即“三驾马车”认识。凯恩斯主义的分析得出：由于消费需求、投资需求和出口需求构成的有效需求总是不足的，所以认为政府应当通过宏观调控手段刺激总需求，同时还不得不具体处理消费、投资和出口间的关系，从而才可实现宏观经济增长的目标。这一认识框架的内在逻辑，实已指向了一个重要判断：必须把对应三方面需求的结构性响应因素——供给的方面纳入研究，但在传统经济学中这一框架隐含的（非内洽的）“完全竞争”假设下，在绝大多数经济学家那里，这种应继续努力探究的供给侧分析认识，却被简化为“市场决定供给结构并达于出清”而无须再做分析的处理。

无论如何，三大“动力”说赋予需求侧管理以结构性特征，使其得到了注入新鲜活力的新发展。沿着 IS 曲线所表示的投资决定，LM 曲线所表示的利率决定，以及 BP 曲线所表示的实际汇率决定，经济增长“三驾马车”理论推动传统宏观经济学在继 AD-AS 均衡之后，走向 IS-LM-BP 的均衡。相应地，落实到宏观调控政策主张方面，也从原来的强调总量调节合乎逻辑地发展到通过货币政策和财政政策带有结构性地刺激消费、投资和出口需求来实现宏观经济增长的政策主张层面。回归到经济实践中，甚至更加灵活地表现为结构性地调整三大“动力”中的某一个或者某两个，以此来达到弥补一方或两方的疲软，在权衡中最终均衡地实现经济增长的目标。这一点，我们一方面在全球经济宏观调控范例中可得印证，比如 2008 年美国金融危机后相继爆发欧债危机，发达国家市场遭受重创，以中国为代表的新兴市场一致感到出口需求严重不足，从而大角度转向拉动内需、加大国内投资与消费来实现宏观经济稳定增长；另一方面还可在学界对宏观经济的讨论中常年关注三大“动力”在短期与长期中作用的比较、正负面效应、调控手段等等讨论中认识其无可回避性和可观的分量。因此，三大“动力”分析认识对需求侧管理的贡献已无须赘言。

更加关键地，我们注意到三大“动力”认识虽然在一定程度上满足了需求侧管理的宏观调控需要，但是并不能真正在需求侧得以实现其认识与逻辑的周延。学界目前非常关注的“三驾马车”是否为经济增长根本动力的问题，结论的指向性非常明确，基本表现为否定一侧。然而，究竟其为何不能成为经济增长的根本动力，则说法不一，有观点认为其只是国民经济核算指标、有短期特征、影响的是 GDP 需求边[1]，有观点认为需求侧三大“动力”已跟不上现代经济发展步伐，提出了经济增长的新“三驾马车”，内容又有所不同，有的认为是城镇化、信息化和民生建设[2]，有的认为是原“三驾马车”的引擎升级[3]等。

我们则认为，“三驾马车”不能构成经济增长根本动力的原因，在于其并不能仅在需求侧继续实现其“动力”特征与功能。消费、投资和出口三大认识上所称的“动力”，其实已

---

① 李佐军．“三驾马车”不是经济发展的根本动力［N］．中国经济时报，2014－12－16．

② 康怡．尹中卿采访：新“三驾马车”拉动中国经济［N］．经济观察报，2012－12－15．

③ 邵宇．中国经济的“新三驾马车”［N］．第一财经日报，2013－07－31．

是“需求”这一“元动力”层面不得不再作出其结构分析而派生出的结构化认识框架，一旦脱离了元动力层面而变为合力的部分，便已失去了元动力属性和定位，所以严格地作学理的推演，这三个力自然不可能归为“根本动力”，只是“动力”的不同传递区域在人们认识上的一种归类。从研究者针对实际生活应做的需求原动力的回应考察或动力响应机制认知来说，不能不进一步沿需求侧的“结构化”认识推进到供给侧响应机制的相关分析认识——意在反映和指导实际生活的经济学理论理应如此。如果仅局限于消费需求、投资需求和出口需求的层面，便走入了近年学界已普遍不再满意的局限性状态。

第一，仅从需求侧看消费，带有过强的静态特征，这与真实产品市场中种类更新日新月异这一现实大相径庭，许多新消费动力的产生并非因为消费需求发生了变化，而恰恰是对消费的供给发生了变化。

第二，仅从需求侧看投资，则带有过强的主观特征，按照对投资需求的重视，似乎刺激了投资需求就能够在经济体量上有所体现，而现实的经济实践绝非如此，最典型的例子就是中小企业投资需求强烈而充分，但投资供给却往往跟不上；同样的投资规模，不同的投资机制和投资结构，结果可能有天壤之别，诸如此类例子不胜枚举；资本市场中如资源错配、结构性失衡的格局长时期存在，在这种情况下再大力刺激需求于宏观经济显然极易导致长板更长、短板更短，百害而无一利。

第三，仅从需求侧看出口，则多带有纯比较优势理论与纯汇率理论主导的色彩，出口产品在国际市场中影响力越大则对本国宏观经济增长的拉动作用就越强，这种利用经济学抽象模型演绎的分析无可厚非，但真正落实到全球化背景下的开放经济中，发展中国家通过后发优势赶超发达国家的增长路径显然难以得到全面解释，常识就可以告诉我们，仅仅是实际汇率的变化并无如此大的魔力，先进经济体对后进经济体的“高端选择性供给”往往对于双边贸易的中长期基本格局具有某种决定性意义。

总而言之，在需求侧对“元动力”的认识发掘推进至“元动力—三动力”，为需求管理带来的“得”与“失”便构成了一个悖论：一方面，需求侧的“总量”观与简洁的“三驾马车”认识框架，确实在发达市场经济体一般情况下的实践层面满足了其调控对于“理论指导与支持”的需要；而另一方面，仅在需求侧的由“元动力”派生、演化出的“三驾马车动力”机制，在三者合力“怎样合成”上始终解释模糊，特别是经受不了“世界金融危机”冲击考验之下“水落石出”般的审视和回应不了摆脱种种局限引出建设性对策的要求——这种悖论，只有在引入供给侧分析和供给结构与制度机制分析后，才能得到化解。一言以蔽之，“三驾马车”完全无法认作拉动经济增长根本动力的道理在于：对需求“元动力”的回应和传导，关键已不在需求侧。

2. “供给侧”思考给出的答案

经济学界最早对供给侧的关注，要说到“萨伊定律”，它的基本内容是“供给创造自己的需求”，然而新供给经济学并不是对“萨伊定律”的简单搬用。我们所处的现代经济生活中，“供给创造需求”这一定律的启示作用仍在，但基本内容如何阐发，对于正确理解供给侧的丰富含义至关重要。从需求侧延伸出的供需平衡及其中的动力机制思辨出发，新供给经济学理论研究恰是以基础理论创新唤醒了供给侧“休眠”已久的神经，呼唤出对“供给创造需求”这一古老定律的新解读。实际上，供给侧颠覆性创新长久以来决定着人类社会发展中不同时代的更迭，而制度供给则是助推这种颠覆性创新实现的重要原因，基于这种认识不难得到对以上需求侧“三驾马车”框架所面临的结构性难题的回应，那就是结构性动力体系的作用空间需在“供给侧”打开来得以实现，这种供给侧认识与功能的提升关乎中国中长期发展中追赶—赶超战略的实现。

供给侧颠覆性创新决定着时代更迭

重视供给侧，并不否定需求侧，两者是“相反相成”的一对概念。而且对于人类社会发展，需求是具有原生意义的动力源，因为人有需求，才会进而有动力去从事满足需求的经济活动，这些活动需要合作与分工，形成可满足需求的产品与服务的供给。于是，供给侧对需求的响应机制使经济生活中的动力机制贯通和完整，经济发展表现为源源不断的有效供给不断地满足有效需求（经济学定义为“有支付能力的货币购买力”），并在动态中保持实现两方总体而言的平衡状态。但是，新供给经济学强调指出，正是经济发展不同阶段上供给能力、供给机制、供给体系的不同特征，标志着不同的时代，供给侧创新成为人类的生产力和生产关系、文明程度一步步提升的决定性力量（如表 2.1 所示）。

表 2.1　供给侧视角的人类社会发展概况

时代特征	供给侧特征与突破（人与物，生产力）	制度特征与进展（人与人，生产关系）
旧石器时代（Paleolithic Period）	以使用打制石器为标志	在洞或巢中混居、群居（生成采集、狩猎的组织）

续表

时代特征	供给侧特征与突破（人与物，生产力）	制度特征与进展（人与人，生产关系）
新石器时代（Neolithic Period）	以使用磨制石器为标志 （发明了陶器，出现了原始农业、畜牧业和手工业）	氏族公社 （组织功能扩展至农耕等）
青铜器时代（Bronze Age）	以青铜采冶业为标志 （犁铧，兵器）	国家出现与奴隶制
铁器时代（Iron Age）	以铁制工具和武器的应用为标志	奴隶制社会加速瓦解，封建社会在欧洲成为主流，皇权、农奴与佃农；亚洲有中国或“东方专制主义社会”
蒸汽时代（机器时代，the Age of Machines）	以机器的广泛应用（机械化）为标志 （机器代替了手工劳动，工厂代替了手工工厂）	工业革命与资本主义社会 （资本主义战胜封建主义；工业化和城市化进程明显加快；资本主义国家社会关系发生重大变化，工业资产阶级和无产阶级成为两大对立阶级；自由经营、自由竞争、自由贸易为主要内涵的自由主义经济思潮兴起；资本主义国家加快殖民扩张和掠夺；世界市场初步形成；两千年帝制在中国被推翻）
电气时代（the Age of Electricity）	以电力的广泛应用（电气化）为标志 （电力、钢铁、化工、汽车、飞机等工业迅速发展，石油开始成为最重要的能源之一）	社会主义实验，资本主义调整

续表

时代特征	供给侧特征与突破（人与物，生产力）	制度特征与进展（人与人，生产关系）
信息时代（the Age of Information）	以计算机技术的广泛应用为标志，计算机技术的发展经历了数字处理阶段、微机阶段、网络化阶段、大数据阶段，并正在走向人工智能阶段 （半导体、互联网、“智能化”“共享经济”……）	社会主义实验中的改革转轨，资本主义调整（“和平与发展”特点） 全球化+新技术革命 （思考：信息时代下，对内：制度和治理结构不断发生变化；对外：全球化程度和世界格局不断发生变化） “人类命运共同体”

说明：该表格由作者创建；表中主要资料来源：［美］斯塔夫里阿诺斯．全球通史：从史前史到21世纪［M］．吴象婴，等，译．北京：北京大学出版社，2006.

工业革命后，经历蒸汽时代、电气时代、自动化时代和信息时代，至最近一二十年，经济生活中特别值得我们关注的供给创新案例，是以美国硅谷引领新技术革命潮流所引出的在供给侧实现升级、更新换代的事件，比如大家称道的乔布斯和他的创新所推出的苹果产品，还有现在互联网概念上包括“互联网金融”等带有颠覆性特征的供给创新。在智能手机、互联网等等这些产品方面，特别强调的就是所谓的“用户体验”。用户需求是一直有的，但“用户体验”这种不同的、由供给带来的升级换代的感受，被奇虎的周鸿祎称为“颠覆性创新”，它显然是在供给侧发力的有决定性意义的创新，比如表现为把过去认为需要有偿使用的变成无偿——现在互联网上很多服务的直观形式就是无偿的，另外是把过去看来非常复杂的东西简单化，比如傻瓜相机、智能手机已可较高质量地完成摄影机的较复杂功能，省去光圈、速度等复杂因素的处理，实现便捷使用。萨伊“供给创造需求”命题的合理成分，在现实生活里面确是有所印证的。当然我们不应该否定需求的原生意义，人活着就会有需求，有需求才有各色各样的动机和满足需求的创新活动，但是引领需求潜力释放、表现为创造需求强劲动力的，却是成功的供给创新，而且当社会化大生产进入全球化阶段，特别鲜明的特点就是供给侧一旦实行了成功的颠覆性创新，市场上已不只是一呼百应，而是一呼万应、一呼亿应，一个产品可能迅速地风靡全球——如苹果新产品的上市在北京的西单旗舰店迅即引起蔚为壮观的争购热潮，而它给用户的感受确实是带来了人本主义视角上常说的幸福感——人们用到这种创新的产品以后。满意，于是就幸福。

简而言之，现代经济生活中所体现出的供给侧功能的提升，绝非仅仅停留在古老定律所表达的一般产品概念层面，而是越来越拓展到供给侧的全方位，包括从汽车、电脑、互联网、智能手机等技术创新所带来的产品创新，到电商模式、共享经济等由技术、产品创新所带来的模式创新，实际上都属于供给侧范畴，有些创新落脚在供给侧所供给的对象层面，有些创新落脚在供给侧所供给对象的生活方式层面，但诸如此类不胜枚举的例子中，最具能量的属于供给侧的颠覆性创新。

类似的种种由供给侧所可能带来的颠覆性创新，往往划分了不同阶段乃至不同时代，对于中国的意义特别突出。中国追求现代化的过程，按照“三步走”这一战略构想的愿景目标的实现过程而言，现在直观上仍是追赶，“大踏步地跟上时代”，实际上是借助于后发优势，形成综合性现代化水平的提升，最终是要实现“后来居上”的赶超。而要真正实现像中国这样的后发经济体现代化、后来居上的赶超，供给管理特别值得关注。因为这里面具有丰富的可选择性空间，不像需求管理是单一指标的，亦“循规蹈矩”常规化的，按照反周期框架做总量调控即可——需求管理方面在总体框架上大体是认知比较成熟的，但对于后进经济体在真正发挥相关多元主体的潜力和可能的活力方面，空间是有限的。反之，和需求管理可优化互动的供给管理和供给侧鼓励创新的空间却是巨大的。这样就可以回到最早萨伊所说的“供给自动创造需求”来做一轮新的阐发——对此话中国的理论界过去曾经给予批判，如归为“庸俗经济学”，但是这话语里面却含有合理的成分，就是带有破坏性创造、颠覆性创新特征的供给，确实有可能塑造市场、引领市场，释放和创造出大量的可对应需求，是“升级换代”式阶段性提升的关键因素。假如没有苹果产品，很难想象市场上会有这么大的需求潜力释放空间，而有了乔布斯主导的苹果产品以后，移动通信附加多重实用功能被普通社会成员由“用户体验”所接受的形势一下进入了一个“升级竞争”的境界。互联网金融现在表现出的某些东西是过去传统金融里无法想象的。“宝宝”软件和叫出租车连在一起，几秒钟之内就可以通过手机完成支付。余额宝和信用卡连通了，也跟理财产品实际上连通了，它承诺可以一天算一次利息，很零碎、细小的资金也无妨，赚多少钱自动结算，它的利率水平曾差不多是理财产品的水平，但绝对不是活期储蓄的水平了，受到低端散户的高度认可，从而打破原来的金融产品格局，客观上也在助推金融改革新阶段的到来。

制度供给助推颠覆性创新实现

人类需求始终存在，带来“要有产品与服务满足需求”的原生问题，而在处理以产品和服务满足消费需求的同时，就必须注重解决供给侧生产什么、如何生产的问题，以及在什么制度、机制下生产的问题。对于中国经济社会转轨来说特别有意义的，是“制度供给怎么样”，这是我们从矫正经济学过去总体认识里需求侧与供给侧不对称性的“破”之后，特别强调需要“立”的第一点。

第二，要有一些必须明确树立的学术、学理支点，比如说把非完全竞争作为深入研究的前提确立起来，因为这是资源配置的真实环境。过去“完全竞争”等假设下的分析有很多的理论贡献，但是，在现实生活中，这些假设和实际情况之间又存在明显的不对应，可比喻为只是一个所谓1.0版的模型，回到现实必须把它升级为2.0版、3.0版。一系列回避不了的供给侧问题，就必须引入我们的分析，虽然这种分析要困难得多——有很多过去注重需求侧时很好处理的经济学问题，于是乎现在变成了难题，比如说过去经济运行问题上可以一句话打发掉的“一般均衡中或者反周期调控中市场机制自然解决结构问题”——现在这话仍然有重要意义，但同时，在中国可预见的很长发展阶段中，追赶—赶超的现代化战略要求我们必须在充分发挥市场作用的同时，需明确地在非完全竞争的理论支点上，超越“自然解决”认识框架，在市场并不足以决定一切的时段和事项上，使诸如以财政为后盾的政策性金融、以政府政策导向鲜明的税收政策杠杆等，“区别对待”地发挥支持结构优化的作用。

第三，应顺理成章地提出市场、政府、企业、非营利组织各有所为并相互合作，是优化资源配置的客观要求，包括中国以后一定会发展壮大起来、现在已经很有这方面的动向和意愿的“政府与社会资本合作（PPP）”机制和“第三部门”（即非政府组织、志愿者组织、公益团体）的培育和发展。在PPP等概念下，进一步探索推进政府、企业、非营利组织共赢、多赢创新的制度与机制，是供给侧非常重要的一个观察点和研究与实践导向。在诸如推进城镇化、应对老龄化的一系列公共工程上，动员政府之外的其他主体包括企业、中介机构、社会上的非政府组织等介入其间，运用创新空间巨大的PPP机制更好地处理资源优化配置、提升绩效问题，在中国“后来居上”的现代化赶超中，这种优化制度、机制供给的全局意义是非常明显的，作用空间将是十分可观的。

第四，我们应强调制度供给充分引入供给侧分析后，要形成有机联系、打通物与人两个视角（即生产力物质要素与生产关系人际能力联结大系统）的认知体系。对以“中等收入陷阱”等为代表的一系列具有“居安思危”“防患未然”现实意义的问题与挑战，亟应做出有针对性的解释、分析和应对，如从资源环境制约（如雾霾问题）到人际关系制约（如收入分配问题）的矛盾凸显认识分析，引出合格的“对症下药”的建设性意见，并纳入全面配套框架。

供给侧研究的一个重要视角，对于中国的莫大意义在于，经济、社会转轨中的制度供给的关键性质，一旦在有效制度供给上形成突破局面，打开的空间就表现为所谓“改革是最大的红利”，直接对应于“中国实现现代化的关键一招”。

结构性动力体系需在“供给侧”构建

消费、投资和出口只是需求作为经济增长的“元动力”而可进一步做出结构性认知的分析框架，只要沿着“结构性”的角度继续深化认识，就会发现仅在需求侧并不能够真正完成动力认知这一悖论，这强烈呼唤着对与之相对应的供给侧的结构性动力体系与机制的探究。

显然，“三驾马车”所强调的消费、投资和出口需求三大方面的分别认知，只有联通至消费供给、投资供给和出口供给，才有可能对应地成为各自需求的满足状态，其中蕴含着由需求侧“元动力”引发的供给侧响应、适应机制，或称其所派生的要素配置和制度安排动力体系与机制。

在经济增长动力的全景图上，首先，我们当然应该肯定需求的原生意义，人活着就会有需求，有需求才有各色各样被激活的动机和满足需求的创业、创新活动。但特别值得注意的是，这些创业、创新活动的动力实已传到、转移到供给侧，供给是需求元动力（“第一推动力”）之后由响应而生成的最重要的“发动机”与增长引擎。事实上，人类从茹毛饮血时代发展到今天，已看到科技革命产生巨大的生产力飞跃，创造着上一时代难以想象的供给能力，同时这些原来让人难以想象的供给，并没有充分满足人类的需求，原因是在于人类作为一个适应环境进化的物种来说，其需求是无限的。正因为如此，现实地推动人类社会不断发展的过程，虽然离不开消费需求的动力源，但更为主要的支撑因素从长期考察却不是需求，而是有效供给对于需求的回应与引导。在更综合、更本质的层面上讲，经济发展的停滞其实不是需求不足，而是供给（包括生产要素供给和制度供给）不足引起的。在其中一般而言，要素供给（如生产资料、劳动力、技术供给等）是经济层面的，与千千万万的微观主体相关联；而制度供给是政治社会文化层面的，直接与社会管理的主体相关联。人类的长期发展过程正是因为不确定性的科技创新产生一次次科技革命，带来一次又一次生产力的提升，也进而推动制度安排的一轮又一轮改革和优化，使总供给能力一次次大幅度提升，促进并保持了经济的长期发展和趋于繁荣。人类的供给能力现实地决定着人类的发展水平，也正是因为这种原因，我们可划分人类社会的不同发展时代：狩猎时代、农业时代、工业时代、信息技术时代，以后随着生物技术的不断飞跃，我们还可能会迎来生物技术时代。与之相呼应，人类社会经济形态与制度框架上经历了自然经济、半自然经济、自由市场经济、垄断市场经济和“混合经济”的各种形态，包括中国这个世界上最大发展中经济体正在开拓与建设的“中国特色的社会主义市场经济”。我们所处的当今时代，全球化的社会化大生产所具有的突出特点，就是供给侧一旦实行了成功的颠覆性创新，市场上的回应就是波澜壮阔的交易生成，会实实在在地刺激需求增长。这方面例子已有很多，比如乔布斯和他主导创造的苹果产品，再比如“互联网电子商务与金融”这种带有一定颠覆性特征的创新等等。这些动不动就席卷全球的供给侧创新，其真正作用是引导式改变——引领市场潮流和生活方式，改变产品市场的数量、机制、构造和联系，调动与释放了需求的潜力，当然也改变了需求的种类、范围、激励和方式，体现在宏观经济中一定是形成增长的动力。

其次，我们自然而然、合乎逻辑地应当特别注重供给侧投资的特殊性、针对性和结构特征。需求侧强调的投资需求，概念上还是总量中的“三足鼎立”的一足（即“三驾马车”中的一驾），而一旦表现为对应投资需求的投资供给，便成为生产能力的形成与供给，成为消费和出口的前提，并天然地要求处理其具体的结构问题——事实证明这恰恰不是传统概念的需求管理就能够完全处理好的。在市场发挥“决定性”作用的同时，只要不是纯理论假设的“完全竞争”环境和完全的“理性预期”行为，政府的供给管理就必不可少，而且在实践中往往还会表现为决定性的事项（可观察美国应对世界金融危机的关键性举措）。仅刺激或抑制投资需求，并不能就同时解决好了结构性问题，必须同时处理好投资的结构优化政策与机制，达到基于结构优化形成的投资质量与综合绩效的提升，才形成势必推动经济增长的动力（发动机）。比如，当下中国进入“新常态”增长的最关键投资动力源，就包括应当启动以增加有效供给的选择性“聪明投资”，来实现“补短板、挖潜能、转主体、增活力、提效率、可持续”，以达到投资拉动经济增长的意愿目标。至于外贸的出口净值也决不属于需求管理可直接解决的对象，真正应抓住的，是在全球化进程中的自身结构优化，以及不断提升国家综合竞争力。

消费供给、投资供给和出口供给，实际上构成了供给侧的动力机制，这种动力机制带有非常明显的结构性特征。与需求侧的均质、可通约明显不同，供给侧的产出是千差万别、不可通约的产品和服务，以及以各种特色表现的必须具体设计、鲜可照搬的制度供给——产品服务供给的升级换代产生“供给创造自己的需求”的巨大动力，制度供给的优化更会带来“解放生产力”的巨大“引擎”与“红利”效果。“物”的供给能力的竞争，也相应地呼唤着与之匹配“人”

的利益关系视角的制度供给优化竞争。而通过上述这种与需求侧“元动力”相对应的供给侧的结构性动力机制的优化构建，我们才能促使经济增长的“动力体系”浑然天成又升级换代。

不论是理论工作者还是实际工作者，所普遍认可的“创新驱动”，显然是一种关于发展动力的描述和认知，但如果放到需求侧与供给侧的分别考察中，便可知实指供给问题。因为需求是永无止境的，即是“永新”而“无新”的，经济调控管理所讲的有效需求，只能是指有货币支付能力的需求，即可通约总量状态下的有支付意愿与能力的需求，这种需求会升级、细化、个性化，等等，却在其本身无法具有、无所谓其“创新”含义；唯有到了供给侧，创新才是有实质意义的、必然具体地细分（即结构化）的，且在成败上是不确定、变化多端的，因而特别需要制度激励，包括以制度环境来试错、容错，最终达到创新成功。在一般而言的经济发展中，供给侧的调控管理均不可回避和忽视，对于后发、转轨的经济体，供给管理的重要性还往往会更为突出，比如中国，在特定阶段上和历史时期内，以制度供给统领的全面改革式创新驱动，必然成为其可持续增长的现代化过程能否如愿实现的“关键一招”。

总结上述，“三驾马车”的实质是需求管理由本义的“总量调控”开始引入结构性认知框架，作为重视“结构性”的成果，这一认识有利于更好满足宏观调控需要，但仍然在理论与实践的互动发展中表现出其局限性；这种把消费、投资、出口的划分看作通过需求管理促进经济增长的“动力”即“三驾马车”式表述，既有所得，又有所失：得在确实拓展了需求管理的范畴，失在这种“动力”在需求侧难以自我实现；这一得失悖论势必引导我们将探究目光转向供给侧，与需求侧“元动力”相对应的、回应为消费供给、投资供给和出口供给综合形成的供给侧产出及相关的制度供给，才是真正形成了经济发展中至关重要的供给侧动力机制体系。突破需求管理局限而助力经济增长，亟须推进经济学理论在供给侧研究的创新——在不完全竞争这一更符合真实世界情况的大前提下，认识和把握以物质要素的供给和制度安排的供给所合成的动力源。

现阶段是中国处在中等收入发展阶段、力求跨越“中等收入陷阱”，对接全面小康和伟大民族复兴“中国梦”历史任务的演进过程中，我们更应以世界金融危机发生之后的经济学反思为重要的思想营养，以宏观经济进入“新常态”为当下背景，切实考虑在“如何实现供给侧的结构性动力机制优化构建”上做好文章、下足功夫，即以调结构、促改革，创新驱动，把握好理性的供给管理。

经济学理论有关经济增长问题的研讨，可以看作一个还在不断深化揭秘的过程，我们基于一直以来对供给侧的关注所带来的分析认识，在本书中可将认识结论定位为：需求侧“元动力”之上认识进一步形成的“三驾马车”，其实在动力全景解释上已无适用性，必须对应、联结供给侧的动力机制构建，因而也必然引出比在需求侧的分析认识复杂得多、艰巨得多的经济学理论创新与政策优化设计任务。

“供给侧”关乎中国赶超战略的实现

放眼世界，金融危机冲击之后，不论是新兴市场经济的发展中国家，还是市场相对成熟的发达国家，中长期视野中的供给管理，都有极具新意的必要性。但我们这里需要更多地聚焦于中国。

基于世界金融危机之后的反思，在理性分析需求管理与全球货币刺激实践得失的基础上，除了承认中国作为由计划经济向市场经济转轨的经济体对供给管理的突出需要，还应特别从作为后发新兴经济体向发达经济体迈进的视角，认识“供给侧”对中国赶超战略实现的重大意义。

中国作为一个转轨中的发展中大国，追求后来居上的现代化，大思路定位必然是基于后发优势“守正出奇”地实施追赶—赶超战略，以改革为代表的有效制度供给为统领（即

“关键一招”)，并在宏观经济调控的政府职能方面有自觉意识地把“需求侧”管理与“供给侧”管理相互紧密结合。例如，我们坚持以经济建设为中心的基本路线和以改革开放解放生产力的大政方针的同时，应努力在经济周期中的每一个高速增长期，通过宏观调控层面积极主动地进行结构性“填平补齐”，尽量平稳地、“有保有压”地拉长宏观经济高速增长期的时间段，而当每一个经济周期的相对低迷期来临，则在宏观经济“反周期”调节操作中尽量以扩张性政策和结构升级缩短这一时间段。在“反周期”操作的同时，在供给侧发力理性地推进结构优化，尽力打造中国经济“升级版”，就是力求“又好又快”的国民经济长期持续增长，这正是实施现代化“三步走”战略所追求的中华民族最大利益之所在，也是宏观调控特别需要把握的基本要领。

在近几年的相关讨论中，已有一些研究者敏锐地涉及了美国20世纪后半期“滞胀”（停滞性通货膨胀，通常指经济衰退与通货膨胀并存）和拉美国家落入“中等收入陷阱”的教训这一问题。20世纪70年代美国的典型“滞胀”问题带有由政府政策的福利主义倾向引致经济发展活力削弱的特征，拉美国家“民粹主义基础上的福利赶超”是落入中等收入陷阱而一蹶不振几十年的重要原因，这一教训，对于经济起飞正要加速升级的中国来说，极有必要深长思之。中国新阶段的总纲是在全面改革、全面法治化、全面从严治党中构建和谐社会、实现协调发展，特别需要关注基本民生，改进福利状况，但也需特别注重在统筹协调的科学发展观指导下，在福利增进过程中对“度”做出合理把握，积极稳妥地掌控好渐进过程。以为民生问题政府可以包揽，以为政府增收的财力可以不加区别地按平均主义方式分光，于是过早地提出不切实际的高要求、过急推行吊高胃口而不可持续的“均等化”，都有可能给我们带来活力减退与滞胀风险，结果将有损于国家现代化事业和人民群众的长远利益。基于供给管理思路而形成清醒设计和理性方案，做出“托底”保重点、渐次展开的民生改进，追求统筹协调、瞻前顾后的和谐增长，也是中国宏观调控中供给管理所不可或缺的内容，要明确地摆在中长期的视野之中。

中国作为转轨经济体的“供给管理”还尤需注重以经济手段为主，与深化改革优化制度供给紧密结合。进行结构优化调整，需要做的事情很多，其中很重要的一点是，要十分强调和注重通过经济手段来调节，如果只用行政手段、法律手段的话，在市场经济环境下作用会十分有限，副作用也是比较明显的。很多事情政府不一定能看得很准，可能往往只知道一个方向，比如说要节能降耗，到底什么样的企业、什么样的技术路线能在节能降耗中有竞争力，能够站住脚，这要通过竞争才能得出结果。实际上，推进大量的结构优化事项，政府需要做的更多应是给出一个导向，再加上经济手段（经济杠杆）的规范化设计，比如有一系列有针对性、体现产业政策和技术经济政策的税收或者支持扶助的优惠措施，而后让企业自己在竞争中形成优化配置，通过市场来优胜劣汰，就可以起到很好的效果。比如，在税制方面，要达到淘汰落后产能、优化结构的目的，需要充分利用资源税、消费税、环境税的区别对待措施；为推动中国经济发展方式转变，无论是生产领域，还是消费领域，资源要素的相对价格都应该上调，从而使各方面更加珍惜资源，节约使用初级产品，刺激各种主体千方百计地开发节能减耗的工艺、产品和技术。从长远来看，这种经济杠杆不但要用，而且要用好、用充分。

抵御外部金融危机冲击而使国民经济从“前低”转入“后高”于2010年达到GDP 10.4%的增长率之后，2011年至今，潜在增长率“下台阶”的表现已十分明显，在7%左右增长速度的“中高速”增长区间运行状态下，有可能存在更为充分利用这些经济杠杆的时机。从宏观环境来看，世界金融危机爆发带来的通货紧缩压力高峰已过，通货膨胀压力又还没有现实形成，这种时候我们就应该不失时机地推出资源税税负向上调整的改革。以资源税制等的合理调整，结合主要在基础能源资源产品层面实施的新一轮“价、税、财”的理顺比价关系和价格形成机制、转变政府职能、优化体制关系的改革，最终应该达到借助市场优胜劣汰机制把一些过剩产能和落后企业淘汰出去的效果。

还需要强调，在整合、统筹运用可用财力实施供给管理优化结构的同时，必须积极运用部分财力支持深化改革和“花钱买机制、建机制”。比如，为降低行政成本，转变政府职能，提高办事效能，积极稳妥筹备，在时机成熟时更有力度地推进“大部制”的机构改革，需要安排一次性人员分流、安置的经费。为有效维护社会公平正义，在深化司法改革方面，应坚决落实“收支两条线”原则和优化司法管辖权调整方案，充实公检法系统公用经费矫治公权扭曲，同时加强法官、检察官、警官培训和加强“廉政公署”“中纪委”式权力制衡、监察机构所需的经费。“乡财县管”“省直管县”的扁平化改革推进到综合改革、减少地方行政层级时，也要安排所需的一次性经费支出。这些应当纳入中国特色“转轨经济学”和宏观调控“供给管理”的框架之中，深化改革与优化结构的互动，将以制度供给形成进一步解放生产力、支持“又好又快”发展的持续动力源。

在以上这些观察分析之中，内含着中国必然选择追赶—赶超式现代化战略，以及为贯彻实施这一战略必然要特别注重理性的供给管理、抓好供给侧结构性改革的思维逻辑和认知框架，我们可把这简化为“有效市场+有为、有限政府”而“守正出奇”的认识，本书的第二篇还将对此做更多、更深入的展开论述。

第二篇

新供给经济学的理论建树

3. “供给侧”学派的前世今生

无论是立足于后金融危机时代的思考，立足于中国经济实践的思考，还是对于“萨伊定律”的再思考，对于“三驾马车”动力机制为何难以为继的再思考，新供给经济学对“供给侧”的强调，都未曾脱离历史脉络及探求学理、逻辑与规律的轨道。以两轮“否定之否定”为脉络对“供给侧”经济学派的考察探析，可以揭示出此次决策层强调的“供给侧”改革绝非萨伊定律或里根经济学的简单复辟或套用，后危机时代采取的“供给管理”及在中国发展兴起的“新供给经济学”，也绝非偶然脱离轨道，而恰是沿着历史的长周期和发展逻辑，实质地构成了“供给侧”学派的理性回归与认识升华。与此同时，“新供给经济学”作为一种经济学创新理念，着眼于在“集大成”的包容性理论框架下寻求供给侧研究最重要的两个视点——“物”与“人”——有机联通的实现。

“萨伊定律”引发需求管理与供给管理之争

19 世纪初，萨伊在著作《论政治经济学，或略论财富是怎样产生、分配和消费的》论及供给和需求的关系，认为“供给创造自己的需求”，尽管在书中并没有所谓“萨伊定律”或类似的定律性质的短语出现，但是经过李嘉图和穆勒的发展和总结，“萨伊定律”最终得以广为流传并对整个经济学思想史尤其是古典自由主义的发展具有重大影响。从历史角度看，“萨伊定律”为早期经济学家对工业革命中的劳动分工、资本积累、国际贸易的分析以及对商业周期的认识奠定了理论基础，开创了“供给侧”学派的先河，且开启了欧洲古典自由主义的时代。亚当·斯密于工业革命发祥地英国开启了经济学时代，而萨伊则受其影响成为在欧洲大陆上传播古典自由主义思想的第一人。然而，与其不可否认之重大意义并存的，是西斯蒙第、马尔萨斯和凯恩斯对其做出的批评。

西斯蒙第不仅对“萨伊定律”进行批评，而且更为主要的是对亚当·斯密开辟的古典自由主义进行批评。他认为，萨伊曾阐述的“干涉本身就是坏事，纵使有其利益”① 以及“萨伊定律”本身，都是对于政府干预经济进行排斥的论证，

---

① 萨伊．政治经济学概论［M］．北京：商务印书馆，1963：199.

而这种关于国家财富顺其自然的价值观，是西斯蒙第批评的靶心。他认为“个人利益乃是一种强取的利益，个人利益常常促使它追求违反最大多数人的利益，甚至归根到底可以说是违反全人类的利益”①，而自由放任的竞争会导致最终财富极度不公的恶果。

恰与萨伊相对立，马尔萨斯的思想基于对需求和供给的明确划分，并最终认为需求其实是更为重要的方面。马尔萨斯的需求管理思想中，将需求划分为需求程度和需求强度，并在此基础上提出了“有效需求”概念，认为当供给与需求相等时所对应的需求就是有效需求，认为在需求为有效需求时，市场上商品的价格可以由生产的费用来决定，而在需求不等于有效需求时，市场上商品的价格由供求关系来决定，从而主张进行需求管理。关联于马尔萨斯的需求管理思想，凯恩斯后来倡导了经济学研究领域里一场举世瞩目的革命。

“凯恩斯革命”后，从不隐讳声称自己师承马尔萨斯的凯恩斯对“萨伊定律”做了几近全盘的否定，将马尔萨斯经济学理论奉为圭臬，认为“……以往传统经济学中所谓的均衡，是建立在供给本身创造需求这一错误理论基础上的充分就业均衡。这只适用于特殊情况，而通常情况下则是小于充分就

① 西斯蒙第．政治经济学新原理［M］．北京：商务印书馆，1964：199.

业的均衡……”[1]与此同时，凯恩斯对“萨伊定律”的否定中也有所保留。对此的理解，在中文版《就业、利息与货币通论》译者导读中，高鸿业教授特别指出：“从表面上看来，本书的基本内容似乎否定了萨依定律，然而事实上……他并没有如此，而仅仅给萨依定律加上一个条件，即只要执行正确的宏观经济政策，使投资等于充分就业下的储蓄，萨依定律是可以成立的。”凯恩斯主义的集大成者萨缪尔森在评价“萨伊定律”时，提出了自己的观点，认为萨伊定律没有能够将货币经济与物物交换经济区别开来，从而导致了失败。

美国“供给学派”更倾向新自由主义

按照美国《新闻周刊》20世纪80年代初的总结，“供给学派”的主要代表人物有：马丁·斯图尔特·费尔德斯坦、阿瑟·拉弗、罗伯特·巴特莱、裘德·万尼斯基、克莱格·罗伯茨、理查德·蔡克豪瑟、罗伯特·霍尔、米切尔·博斯金、保尔·麦克福、罗伯特·门德尔、米切尔·伊文斯、托马斯·萨金特等。此外，当时居于政界的代言人有：80年代的财政部长唐纳德·里甘、行政管理和预算局长戴维·斯托克曼等。这一集学界、政界、新闻界等跨界组合而成的学派，

① 凯恩斯．就业、利息与货币通论［M］．北京：商务印书馆，1987.

虽然既没有同时代以弗里德曼为代表的货币学派和以哈耶克为代表的新自由主义学派的理论体系所表现的那般系统化，也不似诸多学派具有相当一段时期的酝酿与发展，但是却实实在在对美国经济实践产生了巨大影响。以粗线条梳理，供给学派的主要逻辑和主张包括四大方面。若从细节看，则不难发现供给学派内部始终存在着以拉弗为代表的“主流供给学派”与以费尔德斯坦为代表的“温和供给学派”之间的摩擦与纷争。

如果用一条简要的逻辑线索对供给学派的认识进行概括，可以表述的是：经济增长—增加供给—增强刺激—利用减税—减少干预。沿此线索，供给学派的主要观点可以归纳为以下四个方面。

第一，经济增长的唯一源泉在“供给侧”。需求管理者认为，增加政府支出可以增加就业和产量，从而刺激经济增长。然而，供给学派与之截然不同，认为增加政府支出会抑制储蓄和投资，从而不会增加就业和产量。不仅如此，扩大财政赤字支出还会导致货币供给量过多，物价持续上升，最后酿成恶性通货膨胀，20 世纪 70 年代爆发的“滞涨”危机，根源就是忽视供给而一味强调需求。

第二，增加供给的途径是经济刺激和投资。供给学派认为，增加生产和供给必须通过增加投资和劳动来实现，特别是投资的增加。而投资是储蓄的转化，所以产量的增长间接决定于储蓄量的高低。供给学派把美国同其他主要经济体进行对比，证明凡是储蓄率高的国家，其生产率增长和经济发展也相对更快，以此得出结论：储蓄是生产增长的重要因素，并从而认为美国经济增长缓慢在于储蓄率低，而低储蓄率的结果是由凯恩斯主义需求管理政策造成的。还指出，除储蓄之外，决定投资的一个重要因素是企业家精神。

第三，增加刺激的主要手段是减税。经济增长决定于供给，供给决定于刺激，刺激决定于政府的各项政策措施，包括征税、规章条例、政府支出、货币供给等等。供给学派认为，减税是增加刺激最有效的手段，其刺激经济增长的逻辑是：减税可以让劳动者、储蓄者和投资者尽可能地获得最大报酬和利益，这种收入的结果是除去各种纳税和由于政府立法所造成的成本费用以后的报酬净额。对于减税政策，供给学派更注重税率削减，尤其是对累进税制高税率的削减。他们认为：高税率会严重挫伤劳动热情，缩减个人和企业储蓄能力，而储蓄减少将使利率上升；高利率同时会导致企业生产规模萎缩，从而导致经济增长缓慢，商品供给不足。如果加之扩大需求政策，则势必导致通货膨胀加剧，从而进一步地导致企业对生产规模高估因而抑制生产、使资本价格提高因而抑制投资。减税则能够刺激人们工作的积极性和增加储蓄。

第四，增加刺激的外部条件是尽量减少政府对经济的干预。供给学派特别强调市场机制作用，反对政府过多干预经济活动：一是反对政府的过大社会福利支出，二是反对过多的规章法令，三是反对国家控制货币发行量。

供给学派的内部分歧主要源于哈佛大学教授马丁·斯图尔特·费尔德斯坦与南加利福尼亚大学教授阿瑟·拉弗之间的摩擦与纷争。基于此，学界对供给学派分歧的程度曾开展过热烈讨论，有论述称两者是决裂的，甚至未将费尔德斯坦划入供给学派当中，也有论述为两者一脉相承，理论思想并未见实质的区别。参阅国内外资料，尤其是立足于21世纪对20世纪80年代热烈纷争的回顾，我们认为费尔德斯坦无疑是供给学派的一位重要代表人物之一，但其在一些分支观点上的确与拉弗存在分歧，然而这并不是不同学派性质的决裂，而是在“大同、小异”下的摩擦与纷争。

两者思想中的共性之处主要表现在四个方面：第一，都认同市场的自我调节机制，追求经济自由主义，反对国家过多干预经济；第二，都反对凯恩斯主义经济学，并特别强调和重视“供给侧”的作用，认为消费过多影响储蓄会削减经济增长的动力，且此原因导致美国经济爆发了“滞胀”危机，认为解决危机的良方是从供给侧着手；第三，都认同减税能够刺激投资增加供给带动经济增长，并对此进行了论证；第四，都采用了宏观与微观相结合的分析方法，并都更加侧重从微观的角度进行分析。

然而，落到指导政策的应用理论方面，两人不同之处不少，并进行了相当激烈的争论。第一，关于支持减税政策的相关理论。拉弗提出了著名的“拉弗曲线”，认为税收收入不一定随税率上升而增加，只有合理的税率才能带来最大的收入。减税是增加供给最主要、最有效的途径，实行大规模减税可以刺激储蓄和投资，从而使生产和税收急剧增加，并开辟新税源，以此减少失业、增加生产、解决通胀问题，从而促使萧条转向繁荣。费尔德斯坦在减税问题的细节上同拉弗有明显分歧，他并不是孤立地考察税收问题，而是将其置于众多影响经济的因素之中。费尔德斯坦甚至公开对拉弗提出批评：“早先有这种天真的拉弗曲线理论，认为减税将通过内部作用自行得到弥补，因此没有必要削减预算，现在这一理论已被抛弃。取而代之的是范围广泛和大体上规划周到的一揽子计划变动，它不仅要降低政府的开支，而且还要削减那些使私人部门的财力物力得不到有效使用的障碍。”[①] 第二，

---

① 费尔南德斯．一项没有仔细协调的预算政策［N］．华尔街日报，1981－08－12.

对需求管理理论的可应用性的态度。在对需求管理理论的态度方面，拉弗以税收结构为基点，分析了凯恩斯主义对储蓄和投资的歧视，认为美国的税收结构有利于消费而不利于投资，应当复活“萨伊定律”，肯定供给的重要地位，并对古典自由主义十分崇尚。而费尔德斯坦则认为，供给学派仅仅有能力使经济脱离低潮，即应对经济危机，却无法控制商业周期。供给过剩是不可避免的，而一旦出现衰退和萧条，以需求管理为核心的凯恩斯主义仍将发挥重要作用。第三，对于货币政策。拉弗主张恢复金本位制，认为这才是反通货膨胀的根本政策。而费尔德斯坦则不赞成金本位制，认为应当通过减缓货币供应的增长速度来抑制通货膨胀。

学界一般认为供给学派没有成形的理论体系，评价大都集中在“减税”这一核心政策主张上，且大都来自媒体评论人，论者甚至将乔治·沃克·布什（George Walker Bush）政府减税政策也一并纳入其中。此外，来自萨缪尔森、克鲁格曼、阿罗等经济学家的评论也比较碎片化，难与19世纪学界的思想交锋相提并论。若将学界对供给学派的批评进行归纳和总结，可知这些批评主要指向三个方面。

第一，减税的作用可以是刺激储蓄和投资，也可以是刺激闲暇和消费，其实际影响并不是确定的。事实上，当时的减税政策刺激美国需求膨胀，外贸逆差逐年扩大，并一方面导致财政收入减少，另一方面导致财政赤字迅速攀升进一步引发国家债务危机，而为了维持公债的有效性不得不维持高利率水平促使外贸进一步恶化，一系列连锁反应导致美元信心危机。第二，供给学派的减税主张中，特别强调的对税率尤其是边际税率的削减，在实际操作中削弱了税收的累进性，造成主要给富人减税的政策效应，削减政府开支的政策主张则主要削减了社会福利开支，导致出现“劫贫济富”的后果。第三，侧重增加供给的思路导致总需求快速增长，成为通货膨胀率攀升的因素。简要地说，三方面批评的前两项各有其道理，但主要是“减税”实施中“度”与“结构取向”的权衡问题，并不足以总体否定减税的必要性；第三项则主要是只见“树木不见森林”的管见，并不能成立。

虽然供给学派的政策主张并没有将美国宏观经济推向预期的增长高度，但是仍然不可否认这种政策主张较有效地缓解了美国滞胀问题。在里根上台之前的美联储主席保罗·沃克尔曾用铁腕顶住压力把名义利率提高到20%以上，力求把通胀压下来。这是典型的需求管理手段。对于滞胀中的“胀”来说，这一招当然还是发挥了一些作用的，但对“滞”的解决却毫无贡献，故在理论圈内难获高度评价。1981年，新上台的里根总统提出的“经济复兴计划”开头就声明，他的计划与过去美国政府以需求学派为指导思想的政策相决裂，改以供给学派理论为依据，采取了大幅度减税和削减社会福利等措施以刺激经济增长和减少政府干预及赤字压力。里根执政期间，主导了两次重要的减税措施的制定和实施（1981 年和 1986 年）。在美国处于高通胀、高利率的不利形势下，里根经济政策有效地平抑了通胀，并且大体保持赤字处于可控制的水平。即使在里根卸任总统之后，人们依然看到里根经济政策对美国经济和国民活力的恢复与提升的影响。从 1982 年 12 月起，美国经济逐渐走出衰退，经济复苏势头比战后历次经济复苏都强劲有力。至 1988 年 5 月，美国经济持续增长 65 个月，成为战后和平时期经济增长持续时间最长的一次。通胀率也由里根最初上任时的 13. 5% 下降为不到 5% 。美国 GDP 占世界的比重也由 1980 年的 23% 上升到 1986 年的 25. 2% 。并且，这一时期也成为 20 世纪 90 年代以硅谷为代表的“新经济”技术革命的孕育期。

但里根的经济政策也带来了一些明显的负面影响。与苏联的军备竞赛和大力推行的减税计划，使得里根执政时期累计财政赤字高达 13382 亿美元，比此前的历届美国总统所累积的财政赤字总额还要多。这严重影响了美国政府财政的可持续性，在一定程度上形成拖累美国经济持续发展的因素，也表现为给后任者留下了包袱和沉重压力。直至克林顿总统还在指责里根的政策是“不计后果”。2000 年前后，美国供给学派一度表现得近乎“销声匿迹”。

另外，由于1980年以来世界经济出现长期的“大缓和”，金融市场的发展和货币政策有效性的提高，发达国家财政政策作为宏观经济调节工具的重要性大大降低，特别是很多国家由于社会福利开支过大，进一步挤压了逆周期的财政政策的操作空间，“华盛顿共识”及其所鼓励的新自由主义取向在若干年内顺风顺水。然而，新自由主义减少监管干预的主张也过了头，并最终出现全球金融危机。目前，很多政府都意识到应适当调低其目标债务水平，以便经济出现大的波动时，政府能够有充足的“财政空间”，以提高具有“自动平衡器”功能和“主动稳定器”效应的财政政策作用。

“供给侧”学派源流呈现两轮“否定之否定”

沿历史脉络观察，“供给侧”学派源流发展的四大阶段呈现出相当清晰的规律性，即两轮“否定之否定”。第一轮“否定之否定”是指“萨伊定律—凯恩斯主义—供给学派”，第二轮“否定之否定”是指“供给学派—凯恩斯主义复辟—供给管理”，这对我们研究认识后危机时代的“供给侧”管理提供了可供探寻、值得重视的逻辑路径。

“供给侧”学派的第一轮“否定之否定”即从其开端到第一次回归的阶段。19世纪初萨伊提出著名的“萨伊定律”

认为“供给创造自己的需求”，标志着“供给侧”学派的思想源头，并伴随古典自由主义在19世纪一直位于主流经济学地位，直至20世纪初经济危机的出现打破这一平衡。1929～1933年“大萧条”时期，以“萨伊定律”为代表的古典自由主义无法解释更无法扭转经济急剧衰退的局面，美国罗斯福新政与“凯恩斯革命”相得益彰，并对自由放任的经济学思想及“萨伊定律”进行了几近全盘的否定。凯恩斯主义宏观经济学解释并有效解决了如何走出席卷整个资本主义世界的“大萧条”危机，追随者将其奉为圭臬。然而，美国于20世纪70年代又出现了新型经济危机即“滞胀”危机。在对凯恩斯主义提出巨大挑战中，两大学派最终脱颖而出，一个是以弗里德曼为代表的货币学派，后经继续发展分支出理性预期学派，而另外一个是由裘德·万尼斯基命名、以亚瑟·拉弗和马丁·斯图尔特·费尔德斯坦等为代表人物的供给学派。供给学派重新肯定“萨伊定律”的正确性，主张在政策层面侧重供给侧的调节，实现了自从凯恩斯主义盛行后由供给学派复活“萨伊定律”对其的否定，构成了“萨伊定律—凯恩斯主义—供给学派”这一轮“供给侧”学派“否定之否定”的完整轨迹。

第二轮“否定之否定”：供给学派—凯恩斯主义复辟—供给管理。“供给侧”学派的第二轮“否定之否定”即是从第一次回归到第二次回归。美国在20世纪80年代初遭遇“二战后最严重的一轮经济危机”之后，尽管在供给学派指导思想下，宏观经济结构在很大程度上得以优化，但直至里根政府第二任期的结束，美国经济一直没有兑现宏观经济高速增长的承诺，并且出现了极为严重的财政赤字和外贸赤字，供给学派逐渐丧失人心，引发了凯恩斯主义复辟浪潮。虽仍然延续供给学派的减税主张，但是凯恩斯主义复辟浪潮下，主要奉行的又是“逆风向”调节的宏观经济政策，并且主要从“需求侧”调节来刺激宏观经济增长。在“新经济”浪潮下，20世纪90年代和21世纪初，凯恩斯主义的思路依然占据主流经济学的主导地位。直至2008年美国“次贷危机”引发全球金融危机，美国政府在救市实践操作中实质上主要采用“供给管理”手段，其后又有一系列对供给侧的产业政策、技术经济政策的强调与运用，标志着“供给侧”学派的第二次回归。由此，又很快构成了“供给学派—凯恩斯主义复辟—供给管理”这一轮“供给侧”学派“否定之否定”的完整表现。

从“萨伊定律”到“供给学派”再到“供给管理”，“供给侧”学派三个阶段上的发展已呈现出明显的螺旋式上升的特点。第一，对政策功能的认识。萨伊式政治经济学强调的是完全自由放任的经济，认为供给能够创造相应的需求，不应当对其另加管束；发展到供给学派阶段，这一思想已带有宏观经济学的认知框架，上升为经济政策在短期内能够起到刺激经济发展的作用，但是从长期来看，宏观经济政策是无效的；又发展到供给管理阶段，这一思想实已带有制度经济学的色彩，可逻辑地上升为宏观调控中应当特别注重运用供给管理的手段与机制来调整经济结构、化解经济危机、优化制度供给、谋求长期发展。第二，“供给侧”的研究内容。从萨伊到穆勒和李嘉图，古典自由主义对供给侧的研究尚停留在探析供给与需求的关系上，研究的思路是围绕劳动力、土地和资本三大要素最终归结到关于财富的分析；发展到供给学派时，尽管对供给管理的思路予以高度认同，但是管理内容已经开始步入对就业与经济增长关系的分析及如何利用减少税收等思路来刺激经济发展的轨道上来；继续发展到供给管理阶段，对供给侧的研究已经不仅仅停留于较为局限的手段研究，而且是发展为更为全面、更有高度的制度安排及转轨与经济增长的关系的研究。第三，诸家思想的融合。供给侧思想成果被“否定”后的回归，已体现在所提升的包容性：尽管里根经济学标榜与过去的需求管理决裂，但是这种在承认凯恩斯宏观经济学大框架或基本背景下的“决裂”，实际上仍留存 19 世纪马尔萨斯需求管理思想的脉络与血统，成为一种随时代发展而趋于气度开阔的融合。发展到新千年后的供给管理阶段，加入了中国学者的积极努力，这种思想的融合不仅仅停留在究竟是“将供给管理融入需求管理”还是“将需求管理融入供给管理”的思考，而且涉及管理的机制和手段究竟是停留在传统的理论经济学主流认识中，还是必须更多地回应和融合发展经济学、制度经济学等特定分类下的创新，以及两种管理的互补。思想的融合，是“供给侧”学派螺旋式上升认识中最不可或缺的一个方面。

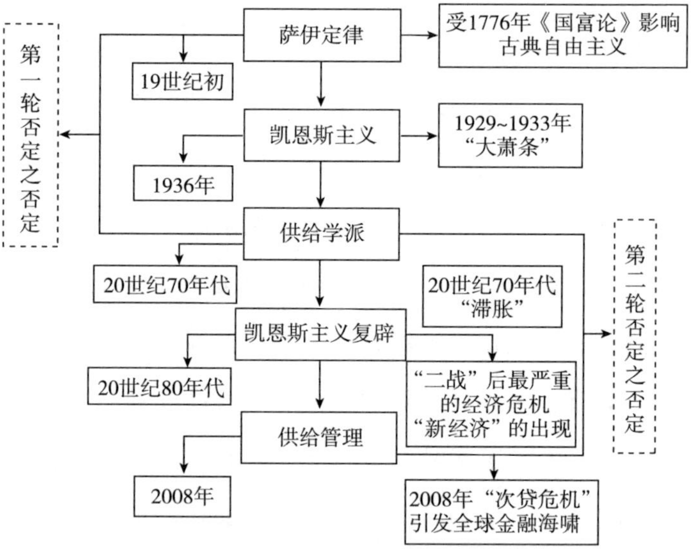

图 3.1 “供给侧”学派发展源流图

因此，“供给侧”学派经历两轮“否定之否定”（详见图3.1），可用来解释经济学术思想发展历程中的螺旋式上升，表明供给学派并不是萨伊定律的简单复活，当下我们所讨论的供给管理，也并不应被认为是供给学派的简单复辟。理应有所作为的中国学者，已经提出了“新供给经济学”的框架体系，并强调了中国当下所表述的“供给侧结构性改革”，必然是以制度创新为统领的系统工程。

4. “新供给”到底“新”在哪里

理论一定是要服务现实的，但理论自有其超越片断现实、局部现实的规律认知追求，和高于一般经验、直觉的指导性品质，这才构成了理论服务现实的价值之所在，经济学研究者显然应力求理论密切联系实际，在无穷尽的发展过程中，有所发现，有所创新，有所前进。

中国的“新供给经济学”研究群体在迎接中国共产党的十八大和十八届三中、四中全会、五中全会的背景之下，提出了从供给侧发力应对现实挑战、破解瓶颈制约的一整套认识和建议。党的十八届三中全会关于全面深化改革、党的十八届四中全会关于全面推进法治化的指导文件，以及党的十八届五中全会系统表述的现代发展理念与“释放新需求，创造新供给”的大思路，又给予我们更多的研究激励和改革、转型的紧迫感。作为研究者，我们力求有所作为地形成对主流经济学理论框架的反思，和对于实现从邓小平提出的“三步走”到习近平表述的“中国梦”现代化目标的理论创新支撑。新供给经济学绝非为创新而创新，绝非可简单贴标签的“主义”或“流派”，其新意，可以从“破”“立”、系统化的政策主张三个方面做概括总结。

新供给并非供给派的简单复辟

如本书前文所述，新供给经济学是基于对“萨伊定律”再解读进行“供给侧”认识的提升与反思，并非简单可贴“主义”“流派”等标签的鹦鹉学舌式的简单供给派复辟，而是在把握“融汇古今、贯通中西”的全球眼光和历史视野基础上，又切切实实根植于中国经济实践的诉求，认为“供给管理”与“需求管理”不可偏废一方，并将所受到的制度经济学、发展经济学、“转轨经济学”的启迪与影响，一并纳入理论体系框架的“古今中西”大融合、力求集大成的经济学思想。

沿着“供给侧”学派两轮“否定之否定”的发展逻辑，21 世纪渐具形态的“供给管理”以美国在宏观调控中的应用为例而影响可观，但实际上处于刚刚揭开序幕、方兴未艾之阶段。沿此脉络达成“供给侧”学派沿着两轮“否定之否定”的轨道实现理性回归与认识的再一次螺旋式上升，所对接的正是包容性、集大成的思想认识追求与开阔境界。我们认为，新供给与众不同的特征可总结为以下三个关键词。

第一，创新务实。从经济学的产生和发展来看，诞生伊始的哲学色彩赋予经济学理论探索与模型抽象的传统，这些教科书传统在延续中出现了如供给管理这样从未被经济学教科书特别强调、却被运用于经济实践中的活灵活现的“案例教学”。从中国传统文化看，“求真务实”一直是与农耕文化有关、在较早期便已形成的一种民族精神，但同时亦有“普世”特征，这与广泛存在的“问题导向”思维方式也内在相关。直接从经济实践中总结，这种“务实”的具体表现是：不遇到一定规模的经济危机压力因素，原来相对稳定的理论方向（倾向性主流）不会改变。但不难发现，每当危机到来时，如同实际生活提出问题、争相解决危机（问题）的过程，即是形成经济学新流派的过程。这一过程如同历史上朝代的更替、战争与和平的互换等，是与变化及其压力紧密结合的。经济学派的务实倾向会带来新一轮的头脑风暴、知识碰撞，推动经济学理论体系的发展。在世界金融危机和中国改革开放的现实生活经验层面考察，最新一轮供给侧学派的兴起，结缘于经济学理论已取得的基本成果所需要的深入反思。金融危机冲击之下，在一线承担决策责任的领袖人物发出了这样的疑问：为什么没有经济学家稍微清晰一点地对我们做出警示？而经济学家自己的群体里面也有这样的看法，即人类社会在金融危机的冲击之后，我们十分需要对经济学基于深刻反省、反思而有所创新和发展。务实的问题导向呼唤创新的努力。

第二，一体整合。新供给经济学推崇供给管理，为“供给侧”经济学迎来又一轮形似复辟的浪潮，但是其由反思而形成的认识，决非摒弃需求管理，而是讲求供给管理与需求管理的结合并纳入制度经济学成果等的开阔包容兼收并蓄式的建设性大融合。新供给经济学认为主流经济学的认知框架是不对称的，古典经济学、新古典经济学和凯恩斯主义经济学存在着一种共同的失误——虽然他们各自注重了不同的角度，都有很大的贡献，但是共同失误确是不容回避的——就是他们在理论框架里假设了供给环境，然后更为强调的只是需求侧的深入分析和在这方面形成的政策主张，存在着忽视供给侧的共同问题。西方代表经济学主流的教科书，无论是在“政治经济学”这个概念下，还是发展到“经济学”（或称理论经济学）的表述，至今仍然存在着与实践“言行不一”的缺点。美国等发达市场经济在应对危机的实践中间，实际上是跳出经济教科书来实行了一系列区别对待的结构对策和供给手段的操作，这些在经济学教科书中找不到清楚依据的动作，在运行中间却往往得到了特别的倚重与强调，产生了足以影响全局的决定性作用。

新供给经济学强调，经济学基本框架需要强化供给侧的分析和认知，这样一个始发命题或可说源于萨伊的古典自由主义定律，并在新时代、新经济、新兴市场的背景下，被赋予弥补片面注重需求管理之缺陷的新思想。此外，还正视现实强化针对性，在肯定其理论模型意义的基础上扬弃“完全竞争市场”这样与实践环境大相径庭的假设，注重还原资源配置中“非完全竞争”的真实场景，以此为基础来扩展模型和洞悉现实。当然，新供给经济学也不认同如美国“供给学派”所主张的那样简单退回到古典自由主义或新自由主义所倡导的自由放任时代，而是认为优化资源配置的客观要求是强调市场、政府各有所为，并主张考虑第三部门主体与两者的良性互动。而且，新供给经济学在基础理论层面，特别强调对制度供给的认识与重视，认为制度供给问题与供给能力的形成密切相关，应该充分地引入供给侧分析而形成有机联系的认知体系，打通“物”和“人”这两个都位于供给侧的分析视角，将各种要素的供给问题纳入紧密相连于制度供给问题的分析体系。这一系列思想观点，落实到中国的实践层面，就是要强调以改革为核心，从供给侧发力推动新一轮制度变革创新和加快发展方式的转变与升级。由此可见，新供给经济学在总结美国等发达国家实践操作的基础上提出的理性的“供给管理”，强调的并不是对“供给侧”与“需求侧”

迭边式的“复辟”，而是在肯定需求管理重要意义和实践贡献的基础上，加入对供给管理的重视与强调，并加入了在制度经济学思想指导下对制度供给层面更具系统化特征的思考。回归到“供给侧”学派两轮否定之否定的轨迹上，新供给经济学所强调的理性供给管理，对凯恩斯主义复辟给予的新一轮的形式否定，毋宁说其否定的手段是兼收并蓄“大融合”框架下对供给侧理论观点的树立、强调与升华[①]。

第三，时代进步。如前所述，虽然需求具有原生动力性质，但是供给侧升级换代的演变却可以决定生产和经济发展的不同阶段。在人类社会经济发展大的划分上，有石器时代、青铜时代、铁器时代，工业革命后走到了蒸汽时代、电气时代、信息时代，这些都是在供给侧由递进的不同升级换代形式所决定的时代划分，每一次产业革命的爆发都同时伴随着供给侧的创新，而每一次供给侧的创新实际上又都直接提升着人类物质需求的满足度（详见表2.1与图4.1）。特别值得注意的是，新供给经济学所强调的时代进步与我们置身其中的后发经济的追赶—赶超密切相关。基于后发优势所强调的

① 在已出版的《新供给经济学》专著中，我们特在第一章论述了经济学领域“五维一体化”集大成框架，把传统经济学与后起的制度经济学、转轨经济学、发展经济学和新兴的信息与行为经济学整合在一个落于“物”与“人”打通的体系框架内，限于本书篇幅，这里不再做展开论述。

技术模仿、技术扩散带来的红利，发展中经济体可以实现经济高速发展，且随着技术差距的缩小，势必呈现出红利收敛的趋势，这种收敛压力放在新供给经济学所强调的供给侧观察视角下，应当是在每一次供给侧创新完成之后的一个稳定时期中，追求随技术革命开启新的时代，这种追赶势必也将随之掀起新的浪潮。由此可更容易理解新供给经济学所强调的制度供给的重要性，因为制度供给所带来的改革红利除了能够降低经济增长和发展中的成本，还是新技术发明创造的首因，是中国这样的后发经济体赶上甚至超前于先发经济体的时代进步的关键。

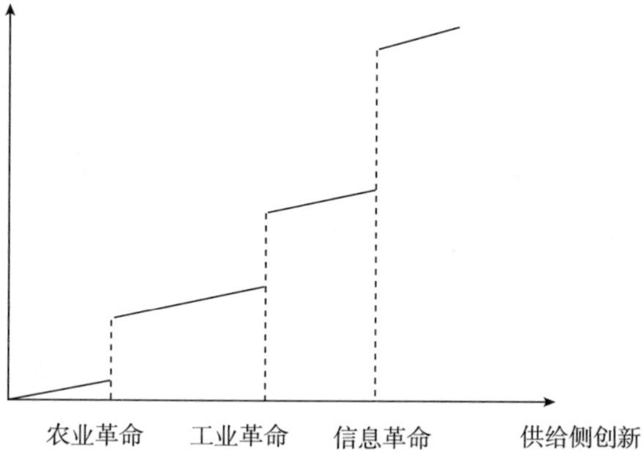

图 4.1　供给侧创新作用原理的量化表达（阶跃量化曲线）

新供给“三破”——“破”偏颇，“破”脱节，“破”滞后

从世界金融危机和中国改革开放的现实生活经验层面考察，人们普遍发问：为什么经济学家对于“千年之交”后震动全球的金融危机既无像样的预测，又无有效、有力的经济学解说与对策思路框架？如何以经济学理论总结分析各经济体在应对危机中的成败得失，特别是如何阐释中国的不凡发展与艰巨转轨进程？众多研究者认为：经济学理论迄今已取得的基本成果亟待反思。我们认为，这一中外人士反复提到的挑战性问题可以归结为经济学理论所需要的、在新供给研究中已致力做出的“破”，这至少集中于如下三大方面：

第一，我们直率地指出了主流经济学理论认知框架的不对称性。古典经济学、新古典经济学和凯恩斯主义经济学虽然各自强调不同的角度，都有很大的贡献，但共同的失误又的确不容回避，即它们都在理论框架里假设了供给环境，然后主要强调的只是需求侧、需求侧的深入分析和在这方面形成的政策主张，都存在着忽视供给侧、供给侧的共同问题。最近几十年有莫大影响的“华盛顿共识”，理论框架上是以“完全竞争”作为对经济规律认知的假设条件，但是回到现实，即联系实际的时候，并没有有效地矫正还原，实际上拒绝了在供给侧作深入分析，在这样一个重要领域存在明显不

足。世界头号强国美国前几十年经济实践里，在应对滞胀的需要和压力之下应运而生的供给学派是颇有建树的，其政策创新贡献在实际生活里产生了非常明显的正面效应，但其理论系统性应该说还有明显不足，他们的主张还是长于“华盛顿共识”框架之下、在分散市场主体层面怎样能够激发供给的潜力和活力，但弱于结构分析、制度供给分析和政府作为分析方面的深化认识——因为美国不像中国这样的经济体有不能回避的如何解决“转轨问题”与“结构问题”的客观需要，也就自然而然地难以提升对供给侧的重视程度。相比于指标量值可通约、相对易于建模的需求侧，供给侧的指标不可通约而千变万化，问题更复杂、更具长期特征和“慢变量”特点，更要求结构分析与结构性对策的水准，更不易建模，但这并不应成为经济学理论可长期容忍其认知框架不对称的理由。

第二，我们还直率地批评了经济学主流教科书和代表性实践之间存在的“言行不一”问题。美国等发达市场经济在应对危机的实践中，关键性的、足以影响全局的操作，首推他们跳出主流经济学教科书来实行的一系列区别对待的结构对策和供给手段的操作，这些在他们自己的教科书里面也找不出清楚依据，但在运行中却往往得到了特别的倚重与强调。比如，美国在应对金融危机中真正解决问题的一些关键点上，是教科书从来没有认识和分析过的“区别对待”的政府注资，美国调控当局一开始对雷曼兄弟公司在斟酌“救还是不救”之后，对这家150多年的老店任其垮台，而有了这样的一个处理后又总结经验，再后来对“两房”、花旗，一直到实体经济层面的通用公司，就分别施以援手，大量公共资金对特定主体的选择式注入，是一种典型的政府区别对待的供给操作，并且给予经济社会全局以决定性的影响。然而，如此重要的实践，迄今还基本处于与其经典学术文献、主流教科书相脱离的状态。

第三，我们还直截了当地指出了政府产业政策等供给侧问题在已有经济学研究中的薄弱和滞后。比如，在经济发展中“看得见摸得着”的那些“产业政策”方面，虽美国被人们推崇的经济学文献和理论界的代表人物均对此很少提及，但其实践可圈可点，从20世纪80年代《亚科卡自传》所强调的重振美国之道的关键是“产业政策”，到克林顿主政时期的信息高速公路，到近年奥巴马国情咨文所提到的从页岩气革命到3D打印机，到制造业重回美国，到区别化新移民和新兴经济等一系列的亮点和重点，都不是对应于教科书的认知范式，而是很明显地对应于现实重大问题的导向，以从供给侧发力为特色。不客气地说，本应经世致用的经济学理论研究，在这一领域，其实是被实践远远抛在后面的“不够格”状态。

新供给“四立”——“立”框架，“立”原理，“立”融合，“立”体系

有了上述反思之“破”而后，我们强调，必须结合中国的现实需要，以及国际上的所有经验和启示，以更开阔的经济学理论创新视野，考虑我们能够和应当“立”的方面。

第一，我们特别强调的是经济学基本框架需要强化供给侧的分析和认知，这样一个金融危机刺激之下的始发命题，需要更加鲜明地作为当代学人“理论联系实际”的必要环节和创新取向。在基础理论层面我们强调：应以创新意识明确指出人类社会不断发展的主要支撑因素，从长期考察可认为是有效供给对于需求的回应和引导，供给能力在不同阶段上的决定性特征形成了人类社会不同发展时代的划分。需求在这方面的原生意义，当然是不可忽视的——人有需求才有动力、才要去追求各种各样的可用资源——但是在经济学角度上，对于有效供给对需求引导方面的作用过去却认识不足。我们从供给能力在不同阶段特征上的决定性这样一个视角，强调不同发展时代的划分和供给能力，以及与“供给能力形成”相关的制度供给问题，具有从基础理论层面发生而来的普适性，也特别契合于在中国和类似的发展中国家怎样完成转轨和实现可持续发展方面的突出问题。回应和解决这个视

角上的问题，其实也包括那些发达经济体怎样在经历世界经济危机冲击后更好地把理论服务于现实需要。在现实生活中，关键是在处理“要有产品与服务满足消费”的需求侧问题的同时，解决“生产什么”和“如何生产”的供给侧问题——尤其是“制度供给怎样优化”的问题。这种把需求与供给紧密联系起来的研究，在人类经济社会发展实践中正在日益凸显其必要性和重要性。

第二，我们强调正视现实而加强经济基本理论支点的有效性和针对性。比如“非完全竞争”，应作为深入研究的前提确立起来，因为这是资源配置的真实环境，牵涉大量的供给侧问题。过去经济学所假设的“完全竞争”环境，虽带有大量理论方面的启示，但它毕竟可称为一种 1.0 版的模型。现在讨论问题，应放在非完全竞争这样一个可以更好反映资源配置真实环境、涵盖种种垄断竞争等问题的基点上，来升级、扩展模型和洞悉现实。需求分析主要处理总量问题，指标是均质、单一、可通约的，但供给分析要复杂得多，处理结构问题、制度构造问题等，指标是非单一、不可通约的、更多牵涉到政府—市场核心问题这种基本关系，必然在模型扩展上带来明显的挑战和非比寻常的难度，但这是经济学创新与发展中绕不过去的重大问题。更多的中长期问题和“慢变量”问题，也必然成为供给侧研究要处理好的难题。过去经济学研究中可以用一句话打发掉的“‘一般均衡’或‘反周期’调控中可自然解决结构问题”，我们认为有必要升级为在非完全竞争支点上的一系列并非完全自然演变过程而有待加入供给侧能动因素作深入开掘的大文章。

第三，我们认为市场、政府、非营利组织应各有作为并力求合作，这也是优化资源配置的客观要求。在明确认同市场总体而言对资源配置的决定性作用的前提下，我们还需要有的放矢地来讨论不同的主体——即市场和政府，还有“第三部门”（非政府组织、志愿者、公益团体等），它们在优化资源配置里面可以和应该如何分工、合作、互动。在不同的阶段和不同的领域，分工、合作、互动的选择与特点又必有不同。由分工、失灵到替代，再由替代走向强调“公私合作伙伴关系（PPP）”式的合作，反映了人类社会多样化主体关系随经济发展、文明提升而具有的新特征、新趋势。

第四，我们特别强调了制度供给应该充分地引入供给分析而形成有机联系的一个认知体系，即物和人这两个视角，在供给侧应该打通，各种要素的供给问题和制度供给问题应该内洽于一个体系，发展经济学、制度经济学、转轨经济学、行为经济学等概念下的研究成果，需要加以整合熔于一炉。通过这样的“立”来回应转轨经济和中国现实的需求，形成的核心概念便是我们在理论的建树和理论联系实际的认知中，必须更加注重“理性的供给管理”。在中国要解决充满挑战的现代化达标历史任务，必须借此强调以推动制度和机制创新为切入点、以结构优化为侧重点的供给侧的发力与超常规的“追赶—赶超”长期过程。我们应有最为宽广的视野，最为开阔的心胸，把人类文明发展在经济学及相关学科领域的一切积极成果，集大成式地形成科学体系，把供给侧“物”的生产力要素供给的分析认识与“人”的生产关系制度因素的分析认识内洽地、有机地结合在“认识世界，改变世界”的人类社会进步努力之中，“生产力决定生产关系”是规律，“生产关系反作用于生产力和释放生产力”也是规律——对于转轨中的中国，深刻认识理解前者，就要认识、尊重和敬畏市场，坚持经济建设为中心的发展硬道理不动摇，深刻认识理解后者，就要在坚持市场取向改革，让市场总体上在资源配置中充分发挥其决定性作用的同时，处理好“政府更好发挥作用”的挑战性问题，以供给侧结构性改革“守正出奇”地提升经济发展中整个供给体系的功能、质量和效率。

所以，新供给经济学研究中涉及的以上这些“破”和“立”，决不意味着我们就可以忽视需求方面的认识——“需求管理”的认识在已有的经济学理论成果中已经相对充分，我们希望在供给这方面更丰富地、更有针对性地提高认识框架的对称性。这样的认识落到中国经济学人所处的现实中间，必然合乎逻辑地特别强调要“以改革为核心”，从供给侧入手推动新一轮“全面改革”时代的制度变革创新。这是有效化解矛盾累积和“滞胀”“中等收入陷阱”“塔西佗陷阱”和“福利陷阱”式的风险、实现中国迫切需要的方式转变与可持续健康发展而直通“中国梦”的“关键一招”和“最大红利所在”。我们的研究意图和可能贡献，是希望促使所有可调动的正能量把重心凝聚到中国迫在眉睫的“党的十八届三中全会、四中全会、五中全会之后新一轮改革如何实质性推进”这一问题上，以求通过全面改革和理性的供给管理，跑赢矛盾与危机因素的积累，化解隐患叠加的风险，破解中长期经济增长、结构调整瓶颈，从而使“中国梦”的实现路径可以越走越宽、越走越顺。

基于理论密切联系实际的创新服务全局

简要地说，我们所主张的上面这些“立”，是生发于对经济规律的探究，面对古今中外的实践，兼收并蓄已有经济学和相关学科的积极成果，但首先是既对应于中国的“特色”和背景，又服务于中国现代化的赶超战略。邓小平所强调的“三步走”，可理解为一种实质性的赶超战略。其间前面几十年主要是追赶式的直观表现，最后的意图实现，则确切无疑地指向中华民族能够实现伟大复兴，在落伍近二百年之后又

“后来居上”地造福全中国人民和全人类，这也就是习近平主席所说的“中国梦”。这个“中国梦”绝不是狭隘民族主义的，而是一个古老民族应该在和平发展崛起中对世界和人类做出的贡献，是数千年文明古国在一度落伍之后，应该通过现代化来加入世界民族之林第一阵营、在人类作为命运共同体发展共赢中间做出自己应有的、更大的贡献，即服务于中国和世界人民把对美好生活的向往变为现实。

我们深知，相关的理论和认识的争鸣是难免的和必要的，而在中国现在的讨论中间，似乎还很难避免有简单化贴标签的倾向。比如说在一般的评议中，某些思路和主张很容易被简单地分类——某些观点被称为新自由主义，某些观点被称为主张政府干预和主张大政府，有些则被称为是主张第三条道路。贴标签的背后，是认识的极端化和简单化。

我们自己的认识倾向是希望能够超越过去的一些贴标签式的讨论，侧重点在于先少谈些主义、多讨论些问题，特别是讨论真问题、有深度的问题，来贯彻对真理的追求。研讨清楚了“真问题”，所应持的“主义”也就呼之欲出了。没有必要在经济学框架之内、在对经济规律的认知领域之内，对这些讨论中的观点处处去贴意识形态标签，处处去分辩是左是右、姓资姓社。新供给研究的追求，是继承经济学和相关学科领域内的一切人类文明的成果，站在前人的肩膀上，对经济理论学说做出发展，包括补充、整合与提升。

我们对于理论研究的“从实际出发”应该加以进一步的强调。“一切从实际出发”既要充分体察中国的传统（包括积极的、消极的）；充分体察中国的国情（包括可变的与不可变的）；也要特别重视怎样回应现实需要——有些已认识的固然是真实合理的现实需要，但也会有假象的现实需要即不合理的、虚幻的诉求，我们要通过研究者中肯、深入的分析，来把这些厘清。既从实际出发体察中国视角上必须体察的相关各种事物，同时也要注重其他发展中国家以及发达国家的经验和教训、共性和个性，包括阐明和坚持我们认为现在已经在认识上可以得到的普世的共性规律和价值。

由破而立，由理论而实际，在分析中就特别需要注重供给侧与需求侧的结合，政府、市场与第三部门互动等全方位的深入考察和相互关系考察，力求客观、中肯、视野开阔、思想开放。“新供给经济学”绝不是为了创新而创新，而是面对挑战有感而发，为不负时代而做出理应追求的创新。中国自20世纪90年代以来宏观调控中“反周期”的政策实践，有巨大的进步和颇多成绩，但延续主流经济学教科书和仿效发达国家的需求管理为主的思路，继续贯彻单一的“反周期”操作路线，随近年的矛盾积累与凸显，已日益表现出局限性。今后随中国经济潜在增长率下台阶、经济下行中资源环境制约和收入分配等人际关系制约已把可接受的运行状态的“区间”收窄，再复制式地推出“四万亿 2.0 版”的空间，已十分狭窄，较高水平的理性“供给管理”的有效运用，势在必行。党的十八届五中全会明确提出了“释放新需求，创造新供给”的要求，其后领导层更宣示了对推进“供给侧结构性改革”和提升“供给体系质量和效率”前所未有的高度重视，直指形成有效制度供给的改革这一中国现代化的“关键一招”，和以创新驱动、结构优化接触供给抑制、释放增长潜能的系统工程。既然在中国中长期发展中如何破解瓶颈制约，和攻坚克难全面深化改革、优化结构，是国人共同面临的历史性重大考验，那么我们应站在前人肩膀上，以严谨的学术精神，秉持理论密切联系并服务实际的创新原则，更好地追求经济学经世济民的作用，更多地注重从供给侧发力，在实践中破解瓶颈，服务全局，把握未来。

经济学是一门与实践密不可分的致用学科，新供给经济学是在中国本土研究者中抱着“经世济民”的情怀与追求产生和发展起来的。我们期待这样的学术理论研究能够避免走“空谈误国”的迷途，而实实在在地做到胸怀世界、脚踏实地，在“不唯上、不唯书、只唯实”的道路上为中国经济发展、社会进步服务。

5. 新供给引领新常态的守正出奇

有意以“问题导向”而从事“站在前人肩膀上”的创新性研究的中国新供给经济学研究者，在把需求侧与供给侧充分打通的努力中，侧重点与创新发力点在于供给侧的全面深入分析认识，立志于在融汇古今贯通中西“集大成”的包容性框架下，把“物”与“人”的分析认识也充分打通。

集大成而启新命的“五维一体”

侧重供给研究的这一派新兴理论探究，并非建立在单一理论源流的基础上，而是需要最开阔地建立在传统理论经济学、制度经济学、转轨经济学、发展经济学、信息及行为经济学所构成的“五维一体化”理论框架基础上。从每个理论维度出发，对其进行沿历史发展脉络的供给侧简要综述考察，便可勾勒出新供给经济学着眼于“集大成”的理论框架。

传统经济学中的供给思想脉络呈现出的两轮“否定之否

定”，历经“古典派”与“新古典派”两阶段的自由主义取向下的供给侧考察为基础，遭受过以凯恩斯和萨缪尔森为代表的第一代凯恩斯主义的批评，后在以伦敦学派、现代货币学派、理性预期学派和供给学派为代表的新自由主义背景下，实现供给思想的首次复辟，接着迎来以新生代经济学者群体为代表的第二代凯恩斯主义浪潮，且此次浪潮中所发展的凯恩斯主义已经在很大程度上带有重要的供给思想要素，也为后危机时代基于美国和多国“供给管理”反思而“破”与“立”的新供给经济学供给思想理性回归，提供了铺垫。

制度学派与新制度经济学的相关研究表明：第一，“制度”这一概念与需求侧并不直接相关，却与供给侧直接相连。从制度学派的思想可知，虽然“制度”这一对经济发展产生重大影响的因素，实际生活中与消费者或生产者偏好等需求侧原生动力及其管理直观上鲜有关联，但与其直接相通的却是供给侧的生产链条、企业组织形式及企业所处的宏观影响与制约（“调控”）机制和环境。发展至以研究企业性质、交易成本、生产的外部性及其消除机制等为核心的新制度经济学，其与供给侧的关联更加明显。换言之，无论通过自然形成、变迁还是人为推动，“制度”实质上都是与供给侧连通的生产关系框架。第二，“制度”这一概念也可顺理成章地揭示供给侧研究的基本视点之一：对“人”的研究及把对“物”

与对“人”的研究打通（暗合于马克思的研究哲理——“凡是他人看到物的地方，马克思都看到了人”）。凡勃伦开创制度学派伊始，对“制度”的关注就建立在资本主义特定历史发展阶段大背景下，这一历史阶段的深层定义是人与人之间的生产关系发展而出的非凡特定阶段；康芒斯对基于“稀少”而引发的“所有权”思考并最终延伸至法律制度，归根结底是研究影响人与人之间关系的因子和人与人之间关系的调整；发展至新制度经济学，这一特点则更加直接地表现为一系列相关问题的研究：由人与人之间通过企业组织生产与各自生产效率的不同，推及人与人之间组织生产的制度存在哪些缺陷，探究这些缺陷对经济发展带来了哪些影响以及如何克服和消除这些缺陷。

正如诺斯认为马克思实现了“对长期制度变革的最有力的论述”①，以顾钰民为代表之一的马克思主义制度经济学试图用制度经济学的方法研究和阐发马克思主义经济学，认为马克思主义政治经济学“深刻地揭示了经济制度产生、发展的客观规律”。该学派认为，马克思把社会经济制度看作是个人从事经济活动最重要的制度，把生产资料所有制作为社会

① 诺斯．经济史上的机构与变革［M］．北京：商务印书馆，1993：61－63.

经济制度的核心，并将经济制度的分析分为“生产资料所有制”“具体的产权制度”和“资源配置的调节机制”三个层次①。对马克思主义理论中蕴含的制度经济学内容所进行的研究，实际上是清晰归纳和再次印证“制度”与供给侧研究中在“人”这一基点的连通，即基于“生产关系和生产力”这一社会发展基本矛盾演变而对于经济社会发展规律的深刻认识与考察。

已有发展经济学特别是经济发展理论中关于追赶—赶超的研究，都自然而然、合乎逻辑地关注供给侧的技术创新供给及其相关分析，也涉及制度供给（经验）的便捷性与相对低成本问题。这些对于笃信须站在前人肩膀上对于经济学理论做出创新的新供给经济学研究群体，提供了值得重视的有益认识。而我们基于信息经济学和行为经济学相关成果提出的“理性预期失灵”原理，则主要是指在国民经济实践中理性预期和有效市场理论有失效的领域，包括基于理性预期假设下的“柠檬”市场、基于理性预期假设下的不完备信息市场和以“动物精神”为代表的非理性行为。这些非理性因素的存在有助于我们理解新供给经济学所主张的实施理性的供

① 顾钰民．马克思主义制度经济学［M］．上海：复旦大学出版社，2005：19－20.

给管理矫正理性预期失灵的必要性和重要性。

新供给集大成的“五维一体”理论框架中，传统经济学在贯穿五维体系的主线上，主要研究范畴是需求和供给的关系及其作用机制；由传统经济学派生而来的多学派经济学理论发展中，制度经济学以制度及制度变迁与经济发展的互动作用为主要研究内容；发展经济学以研究农业国家的工业化或者说后发国家的现代化为主要研究内容；转轨经济学可被认为是具体化的制度经济学分支，以计划经济向市场经济的转变与过渡为主要研究内容；信息及行为经济学则以市场中不完全信息对人预期的影响、人的偏好及心理学特征为基点研究经济发展。有意以“问题导向”而从事“站在前人肩膀上”的创新性研究的中国新供给经济学群体，在把需求侧与供给侧全面打通的努力中，侧重点与创新发力点在于供给侧的全面深入分析认识，立志于在融汇古今贯通中西“集大成”的包容性框架下，把“物”与“人”的分析认识打通。

理论创新直逼供给侧“物”与“人”的打通

所谓“供给侧”的“物”和“人”，剖析起来，首先是从对于“物”和“人”两大基本视角划分上切入，这可认为不仅源于对经济学大家思想脉络的考察（例如：马克思关于生产力与生产关系基本矛盾关系的唯物史观；亚当·斯密关于人际分工与“看不见的手”使物资配置达于合意的内洽性原理），而且源于对经济社会现象的“通识研究”或广泛认知（例如：保罗·肯尼迪所言大国兴衰的秘密是“技术上”和“组织上”的变化）。实际上，所谓“物”，也必是指“人与物”的关系，即“生产力”层面，由劳动对象、劳动工具而推及劳动者（人，或“人力资本”），具体到现代经济发展的核心而言，即“技术”的层面（邓小平所说的“科技是第一生产力”实为由人实现的科技创新供给）；所谓“人”，则实质上必是指“人与人”的关系，即“生产关系”层面，或具体到现代经济发展而言，即如何组织经济活动的形式与制度安排、利益分配；而无论是强调“生产力”（即由“物”切入）的层面，还是强调“生产关系”（即由“人”切入）的层面，归根结底都是居于“生产”的方面，即都属于“供给侧”，以回应“需求侧”的原生诉求（人从生存、温饱底线上必生且必求升级的需要）。

基于“物”的研究告诉我们，由于存在后发优势，欠发达后进经济体可以追赶发达经济体，并通过“蛙跳”、技术扩散、“干中学”等方式方法，实现技术上的乃至组织结构方面的先追随后赶超，从而实现经济上的赶超。基于“人”的研究告诉我们，制度作为一个极其重要的供给因素，尤其是产权和交易成本的机制联结状况，直接影响某一经济体的经济发展。在制度变迁即制度安排的供给演变过程中，既会出现制度滞后现象，又会存在制度潜力的能动性空间。

计划经济制度作为一种经济组织形式，其相对劣势在历史进程中已然较充分暴露，而作为原属计划经济制度的国家，怎样成功实现由计划经济向市场经济过渡，无论是稍早风行而标榜全面“自由化”的“华盛顿共识”，还是稍后期兴起对并未定型的“中国特色”充分肯定而将其推向模式化的“北京共识”，都难免失于偏颇。人类社会生产关系的优化提升，仍须进一步肯定其摸索前行的基本姿态，加之信息的不完全和人们行为的不确定性，例如：“柠檬市场”“不完备信息市场”“动物精神”“羊群效应”“王庆悖论”等因素的存在，往往造成理性预期失灵，亟须讨论如何加入“理性的供给管理”的矫正力量。两大基本视点可展开的相关理论研究都表明，以矫正传统主流经济学理论之缺陷为切入点而初具形态的强调以“理性的供给管理”为核心（在当下中国即以改革为核心）的新供给经济学，绝非“为创新而创新”无的放矢，而是在致力于经济学人理应尽责的学科发展建设和对时代要求的积极回应。

新供给经济学注重实现供给侧认识的有机联通，即将“物”与“人”的两个视角打通而助益于经济学理论创新，那么，所谓“物”的视角，其逻辑脉络是：生产力—生产要素供给结构—技术创新—实现供给优化升级—经济增长；所谓“人”的视角，其逻辑脉络是：生产关系—宏微观经济制度—制度供给创新优化—经济增长；将“物”与“人”从供给侧有机联通，即追求通过理性的供给管理，一方面充分促使生产力中的技术创新带来经济升级优化，另一方面充分发挥生产关系中的制度结构优化能动性，从而互动地实现经济增长。理性的供给管理的实质任务，是使制度创新、管理创新和技术创新充分互动而解放生产力、焕发现代国家治理可包容的一切潜力、活力空间，其核心内容落实于现阶段中国经济社会发展进程中，就是强调全面深化改革的统领。

30余年的“中国奇迹”固然是依靠利用人口红利和低廉劳动力等资源禀赋相对优势，在开放条件下参与全球分工和竞争，并释放出“后发优势”，但更主要的是依靠改革（包括全面开放对改革的“变法”式倒逼），调动了、激活了相关经济资源的供给潜力。市场经济在逐步替代计划经济、降低交易成本、提高经济效益的同时，显示了一系列正面效应，但也伴生了一系列中国特定国情、特定阶段的“矛盾凸显”挑战因素，其制度优化进程还存在严重不对称，即束缚生产力供给潜力进一步释放和不利于增进社会和谐的种种掣肘因素愈益明显，在“先易后难渐进改革”路径依赖下，好吃的“肉”已吃完而难啃的“硬骨头”啃不下来的情况下，杨小凯生前所强调的制度性“后发劣势”①，就会成为中国实现其现代化宏伟“中国梦”愿景的巨大拖累和严重威胁。

中国经济社会“矛盾凸显”现实的代表性事项，当下在“物”的视角可举出资源、环境的“雾霾”式危机因素，它正明显地威胁可持续发展；在“人”的视角可举出收入分配、财产配置、公权体系与公民关系领域中一系列紊乱及违背公平正义的不良现象。这两方面都愈益容易导致“经济问题的政治化”而危害现代化进程的全局，而两者间的内在关联十分明显。比如，目前，中国一般产品市场的比价关系和价格形成机制已基本完全放开，但要素市场和大宗基础能源、资源市场，仍然存在严重的扭曲，人为压低要素价格，从而粗放地推进经济增长和引致大量的落后、过剩产能，造成不可再生资源低效甚至挥霍浪费式使用，在源头上加重雾霾形成，并以不合理的对生产者和投资者的显性、隐性补贴，使得经济严重依赖投资和出口，而且加剧垄断、非垄断行业企业收入分配的苦乐不均，使经济结构失衡的矛盾与居民收入分配、财产配置两极悬殊的矛盾有可能越来越突出。因此，我们必须在实质性推进“顶层规划”下的全面配套改革中，对经济

① 杨小凯．后发劣势［EB/OL］．http：//www.aisixiang.com/data/2718.html，2004－02－12.

制度、机制与结构进行治本的调整，从而合理地运用市场和政府力量的结合，实现向较高水平的新常态经济增长路径和可持续升级版增长方式转变，在“物”与“人”的有机联通视界下，有效化解矛盾凸显的压力与威胁。

中国宏观调控政策，一方面要在总需求管理上稳健审慎且能预调微调，避免在稳增长努力下压抑“使市场充分起作用”的空间和防止通胀、通缩轻易抬头；另一方面，需在货币政策的“稳健”和财政政策的“积极”搭配下，坚持有所区别对待地在中国“三农”、社会保障、区域协调发展、自主创新、节能降耗、生态保护、国防等领域运用理性供给管理结构性对策，加大要素投入的升级换代力度，特别是呼应全面深化改革促进相关制度机制创新改进，消除过度垄断，降低准入，打造高标准法治化营商环境和有利于长治久安、合理调节社会收入分配的公平正义制度安排和机制运营体系。

这是在制度供给中加强经济社会中的薄弱环节，化解瓶颈制约，释放自组织、自管理弹性空间，避免“经济问题政治化”的临界点越压越低。增加宏观经济中涉及“物”的与“人”的种种有效供给，只会改进而不会恶化总供需的平衡状态，只会有利于维护“又好又快”的发展局面而不会助长下一期的通货膨胀和经济过热，而且将会渐进增强中国在国际竞争环境中的综合竞争力和发展后劲。这里最为重大的要领是，应“冲破利益固化的樊篱”，从根本上通过一系列配套改革举措衔接短期诉求与中长期目标，化解制约中国长期发展和全要素生产率进一步提升的深层制度因素。虽然在中长期内，中国将面临外部国际竞争环境复杂化和国内人口老龄化等问题，势必告别高增长奇迹，但这也并不意味着中国经济没有继续保持10～20年“次高速”“中高速”较快增长的可能。当前，中国还有很多深层次改革仍未实质性地或充分地开展，如资源型产品价格形成机制改革、新一轮价税财改革、中小企业融资机制改革、充分减少行政审批管制、打破过度垄断的改革，以及户籍制度改革、司法体系改革、行政体制改革，等等，这些改革都能够帮助企业对冲成本上升的压力、增加有效供给、释放潜力提高经济活力，既有利于控制住物价，又有利于维护增长的可持续性。“制度红利”是中国未来10年、20年最需要着力争取的因素，也是超越西方的凯恩斯主义、新自由主义两端的偏颇，正确发挥出“供给管理”优化结构、促进转轨的合理政府作用而成功地使中国实现现代化的关键条件。

我们已屡次指出，在此有必要再次强调：毋庸讳言，在供给侧“有保有压”“有支持有节制”的结构性方略，也有可能给政府体系带来一种“政府万能”的幻觉和轻易滑向过度调控的危险性（甚至带上“旧体制复归”色彩），所以我们极有理由特别强调：承担调控之责的各政府部门，首先是高端战略决策者和核心当局，务必保持清醒头脑，始终把结构对策、供给管理，掌握在符合市场经济配置资源总体决定性机制的“政策理性”范围之内，避免做出那些过多、过细碎的行政干预和“越界”调控，特别应始终强调尽量运用经济手段（经济杠杆）来贯彻结构优化的追求，避免滑入新的产能过剩—不足循环，生成高质量、有效益、能适应市场需求且可以引领市场潮流的供给力量。中国现代化伟大民族复兴“中国梦”的“制度保证条件”的形成，将主要依靠改革之功效。

未来中国的经济发展迫切需要凝聚改革共识，也强烈呼唤能促进改革的新供给经济学，并在其“集大成”的包容式开阔边界理论框架下探讨“顶层设计”和“系统改革”。30多年来，中国经济社会发展取得了举世瞩目的成就，同时也遗留了诸多问题（绝大多数属于棘手问题、难啃的“硬骨头”问题），种种问题无法仅仅通过制定若干条政策、指令来解决，必须有全面、系统的改革“顶层设计”，并加以配套、协调的推进。

为提升全面改革的可操作性，把握好决定中国现代化命运的重心与关键，从政府职能转变、法治建设、财税配套改革、土地制度、人口流动、改善民生、优化收入分配、公共事务决策等重大现实问题入手，无疑也需要理论的烛照与引导，呼唤着把传统经济学、制度经济学、发展经济学、转轨经济学、信息与行为经济学等熔于一炉的中国特色新供给经济学，真正实现资源、技术方面的“物”，与组织、分配方面的“人”在供给侧打通，以及实现“需求—供给”认知逻辑的全面贯通和一切相关有益思想成果的兼收并蓄、融汇升华。

要素层面要破解“供给约束”与“供给抑制”

已有的经济理论认为，支持经济长期增长的要素（动力源）主要有五个：劳动力、土地及自然资源、资本、制度、创新。国际经验表明，各经济体在进入中等收入阶段之前，前面三项对于经济增长的贡献容易较多地生成和体现出来，而进入中等收入阶段之后，后面两项的贡献更大，并且极其关键。所以，中国新时期的增长动力构建，实为城镇化、工业化、市场化、国际化、信息化与民主法治化发展过程由五大要素动力源合乎规律的优化重构而成的混合动力体系。结合中国当前的实际情况，这几个要素方面都存在明显的供给约束与供给抑制，需要通过全面的制度改革，化解制约，释放经济社会潜力，提高经济增长活力。

第一，人口红利下降，劳动力成本上升。中国人口总量世界第一。改革开放以来，以农民工及其家庭成员为代表的农村人口向城市、向工业领域的巨量转移，是支持中国获得当今经济发展的主力贡献因素之一。但是，据学界测算，在2011年前后，中国经济发展中的“刘易斯拐点”（通常指劳动力由过剩变为短缺的转折点）已经出现，2012年后社会劳动适龄人口规模每年净减少数百万人，以低廉劳动“无限供给”为特征的劳动力转移及劳动适龄人口充裕状况对于中国经济的贡献和支持，颓势已现，近年在各地不断出现的民工荒、招工难以及劳动力工资水平明显上升，就是明证。与此同时，中国人口结构已明显老龄化。新供给团队的研究表明，在未来不到10年的时间，中国将步入超老龄化社会，速度之快超过日本。通观全球人口与国力变化史，人口基数与结构的变化对国力、国运长远而言具有决定性的作用。因此中国自20世纪70年代以来执行的以严格控制人口数量为目标的人口政策，已到了非调整不可的时候，切不可再做拖延。

第二，土地制度僵化落后，自然资源粗放、低效耗用。中国土地及相关自然资源管理方面存在的供给机制不能适应市场经济的问题十分明显。随着城镇化的发展，大量邻近城市的农村土地（包括集体建设用地和宅基地等）通过各种形式转化为城市发展用地，这本是城市化的题中应有之义。但是，由于现行土地管理制度过于僵化，未能形成与时俱进的供给机制，引发诸多社会冲突与群体性事件，以及“小产权房”等棘手难题。除土地之外，中国其他各类自然资源方面，也存在着比价关系严重扭曲、市场化价格形成机制缺失，以及政府发展经济急切而强烈的动机之下的粗放、低效使用，已经造成近年来各方面有深切感知的、公众意见十分强烈的各类水体、土壤、大气污染问题以及资源能源挥霍式耗用等严重问题。

第三，金融压抑明显，对实体经济的多样化融资和升级换代支持不足。无论是从国内储蓄还是外汇储备上看，中国似乎都是世界上“最有钱”的国家。但从资本的使用效率上看，从实体经济得到融资支持的程度上看，中国金融领域存在的供给抑制与供给约束又可居世界之冠。一是利率市场化到现在刚刚走上“行百里半九十”的关键性路程。二是金融市场主体“大小不均”，主体的国有比重过大而民资外资比重过低、超级银行占比过大而中小型金融机构占比过小。三是资本市场结构不合理，主板市场占比过大而创业板、新三板、场外股权交易市场还严重不足。四是除银行间投融资体系高利差抬高融资成本之外，设租寻租、“红顶中介”等，又将创业创新活动的综合融资成本抬得更高。这些导致长期以来中国对经济增长贡献可观，特别是对就业贡献最大的广大中小微企业，得不到较充分的融资供给，实体经济升级换代“突破天花板”得不到投融资供给机制有力支撑，“三农”领域的金融支持也始终盘桓于政策倡导层面而实质性进展十分缓慢，大众创业、万众创新面临的实质性融资门槛仍然比较高。

第四，教育体制扭曲、僵化，科技创新驱动力弱。早在党的十六大文件中，就提出了建设创新型国家。中国经济增长的动力机制应当而且必须强化创新驱动，已成为各方共识。但从进展看，科技研发的创新活力和相关人才的培养、供给机制，被行政化、官僚主义、形式主义和种种违反科研规律的不当制度机制所扼制，虽然一方面中国科研人员的论文发表数、专利申请数快速增长，已名列世界前茅，然而另一方面科技成果向产业、市场的转化率不到10%，究其原因，相当重要的前置环节——教育领域即人才培养体系中，由于严重的行政化、应试教育化等而窒息创造性人才的生长，形成“钱学森之问”的难解之题；具有支撑意义的基础科研领域中，激发科技人员潜心研究的体制机制不到位，科研经费管理中繁文缛节的官场化规则近乎荒唐；应用研究中，一是科技成果转化的激励机制明显滞后，二是知识产权保护不力，三是后勤支持机制落后，四是狭窄的部门利益形成“条块分割”式创新阻碍和资源条件共享壁垒。

第五，政府职能与改革不到位，制度供给仍严重滞后。改革开放以来中国经济社会获得的巨大增长和进步，与政府管理理念的改变、职能的调整、方式的转化、体制机制的不断优化有极其密切的关联。但随着改革进入深水区，政府职能的优化进程与制度变革的推进，已经大为滞后。一是关键功能不到位。市场经济条件下政府的主要功能应是维护公平正义和市场监管、公共服务与社会管理，但实际生活中，市场公平竞争环境受到过度垄断、设租寻租、“红顶中介”等的困扰与损害，假冒伪劣等不良行径往往不能得到有效监管和打击；应有的公共服务被管理部门与环节上的“权力最大化、责任最小化”之争和扯皮推诿所销蚀；应履行的政府社会发展管理规划职能，其形态与水平明显落后于时代要求，各方一再呼吁的把经济社会发展中国土开发整治、城乡基础设施、交通运输、生态环境保护、产业园区和主体功能区“多规合一”，始终未有实质性进展。二是关键和重点领域改革不到位，如财税改革、土地改革、金融改革、国企改革、收入分配改革、人口战略调整等，大都慢于社会预期，党的十八届三中全会后首先由政治局审查通过的财税配套改革方案，实施中已出现与时间表要求不匹配的明显迹象。三是政府支持经济发展手段方式陈旧，仍然习惯于以“政”代“经”，以“补贴”“优惠”“专项”等吃偏饭方式，代替扎实的市场环境打造与市场基础建设。四是政策机制的设计质量往往不高，效果还有待提升，如政府主推的棚改、医改、中心区域交通体系建设等，大方向正确但方案纰漏、缺陷不少。

作为一个转轨中的发展中大国，追求后来居上的现代化，为成功实施赶超战略，在政府职能方面必然要有意识地把需求管理与供给管理相互紧密结合，而且尤需做好供给管理。这既是基于中国30多年来改革开放的基本经验，亦是基于当下经济发展的现实需要，也是基于对西方主要发达国家近年来在调控、管理经济方面一系列经验教训的总结。特别应当注重制度供给，在新的时期以全面改革为核心，来促进供给侧解放生产力、提升竞争力，以此生成中国经济社会升级版所需的有效供给环境条件，解除供给约束，推动改革创新"攻坚克难"、冲破利益固化的樊篱，充分激发微观经济主体创业、创新、创造的活力。这是续接和有效增强经济增长动力的"关键一招"，也是从要素投入、粗放增长转向供给升级、集约增长，引领市场潮流而创造需求，得以实质性联通"脱胎换骨、凤凰涅槃"式结构调整的主要着力点。

新供给经济学的思维重点，首先是强调在"四个全面"总体布局新时期，"攻坚克难"地从增加有效供给角度实施制度创新供给和结构优化，衔接从短期到中长期目标的运行调控。因而供给管理的手段，既需注重充分地尊重和敬畏市场，又要理性地、"守正出奇"地引导和建设市场，以经济手段为主，与深化改革优化制度供给紧密结合，进一步解放生产力、构造"又好又快"发展的持续动力源。

现代国家治理——国家治理体系和治理能力的现代化

这里值得再次强调，在研究者“理论密切联系实际”的分析考察中，有必要把供给侧的重要主体——公权体系和供给形式中的重要内容——制度供给，更充分地纳入“新供给经济学”集大成包容性的理论框架。

以政府和立法、司法机构一并构成的公权体系，其所必然实施的制度供给，是客观存在、有弹性空间（即有可塑性）和必有高下之分的。在中国追求现代化的历史过程中的供给管理，除经济部门、产业、产能、产品、技术等结构方面的供给内容之外，最关键的还须着眼于打开“制度红利”这一转轨中最大红利源的释放空间，形成激发经济社会活力、潜力的有效制度供给，及实现相关改革决策的较高水准。

制度安排层面深刻变革的取向是坚定不移地市场化，但又不能简单限于、止步于市场化概念下的作为。“使市场在资源配置中发挥决定性作用”的基本认识是千难万难之后实现的重大思想解放式突破，但市场的“决定性作用”绝非可以理解为决定一切领域和一切事项。其实，中国独特的市场发育和经济赶超正是改革中最难处理的一项基本矛盾：国际竞争的基本现实已不允许我们再常规地、跟随式地经历和等待以平均利润率机制主导的漫长的市场发育及经济结构优化的自然过程，需要从供给侧得到一种比自然、自发的市场配置在某些领域、有限目标下更强有力的机制——政府“理性主导”机制，并使之与市场机制“1+1>2”式地叠加，才能逐渐接近并最终实现赶超目标。把后发优势与理性的政府主动作为结合在一起，摆脱经济学发展到凯恩斯主义、新古典学派和货币学派的“百家争鸣”仍未摆脱的需求—供给不对称框架，在现实生活中就要着眼于此，形成凌驾于“政府与市场绝对冲突”或“要么政府，要么市场——二者必居之一”旧式思维之上的新思想、新理论、新方法，来指导改革与发展的实践。在尊重市场、培育市场的旁边，供给侧的特定作为必须包括政府积极有效地建设市场、组织市场和“合作式”地超越市场平均利润率机制自然过程。“混合所有制”有望成为其重要产权基石，进而推进“现代市场体系”在中国的发育和成型。基于党的十八届三中全会通过的带有顶层规划意义的《中共中央关于全面深化改革若干重大问题的决定》（以下简称《决定》），以及党的十八届四中全会所强调的“全面依法治国”，“供给侧”制度变革的总纲应当体现其最浓缩、最不可忽视的精神实质，即从现代国家治理、现代市场体系、现代财政制度到现代政治文明所形成的重要逻辑联结。

《决定》中将“现代国家治理”表述为“国家治理体系和治理能力的现代化”。所谓“现代化”，是需基于不同经济体横向比较而得出的概念，具体而言，是世界民族之林横向比较后进入文明发展前列状态的判断。作为四大文明古国，中国在鸦片战争之后落入距离“现代”特征越来越远的境地，一路积贫积弱、被动挨打、内忧外患。作为“甲午惨败”后中国方面的创痛型回应的“戊戌维新”，仅百日便告失败。至20世纪的百年间，中国历经三件大事。第一件大事是辛亥革命推翻千年帝制。当时的政治领袖孙中山先生表达了非常清晰的取向，即“振兴中华”。这一明显带有“现代化”取向的愿景表述，还落实到具体的一套建国大纲，即经过三个阶段“走向共和”：一是军政，即扫平各路军阀以奠定统一基础；二是训政，即开发民智，提升国民素质，让百姓知道民主法治为何物；三是宪政，即革命党功成身退，最后还权于民实现共和。然而，非常遗憾的是中国却随后很快陷入宋教仁遇刺、袁世凯窃国、军阀混战和外族入侵，甚至曾走到“最危险的时刻”——亡国灭种的边缘。第二件大事是1949年中华人民共和国成立。沿着孙中山先生“三民主义”重要认识的逻辑，这件大事实际上解决了孙先生所说的三民主义的第一条——“民族”，即中国最主要的国土版图上终于摆脱了内战和外国干涉欺凌局面，成为一个统一的民族国家站立起来。在此基础上，以“一五”计划为标志，中国迅速开展大规模经济建设。逻辑上是要解决“民族”之后的第二条——“民生”，但其后在取得成就的同时又历经种种坎坷挫折。第三件大事则是终于迎来了 1978 年以后的改革开放。此时，邓小平清楚地确立了“三步走”现代化战略，生产力的提升和经济的发展意味着真正进入解决“民生”问题的实质性阶段。截至 2000 年，“三步走”战略的前两步目标已提前实现，下一个阶段性目标是 2020 年在民生上实现“全面小康”，社会生活中也合乎逻辑地包含着三民主义的另一条——“民权”。这一目标要靠“依法治国”“依宪行政”体系的建立来实现。对此，党的十八届四中全会以“全面依法治国”的部署做出清楚明白的对接。

共产党人执政阶段，对于“实现现代化”的历史性、战略性取向，始终是坚定不移的。启动“一五”计划之后，毛泽东主席曾经在 1956 年前后反复讨论怎么样发展更快更好些，并在讨论过程中形成了《论十大关系》。他说搞社会主义必须发展起来，如果中国搞了多年社会主义，还是没能发展起来，是要被开除“球籍”的（即丧失在地球上自立的资格）。中国在 20 世纪 60 年代告别“三年困难时期”后，在人民代表大会上，周恩来总理明确宣布了总体奋斗目标，即 20 世纪末（指 2000 年）我们要实现工业、农业、国防和科学技术的现代化，简称“四个现代化”。即使是在 1975 年，重病中的周恩来总理在全国人大上，又一次明确宣布了“四个现代化”的奋斗目标。这样的目标引领确实对全体社会成员产生了极大的激励鼓舞，形成了莫大的社会影响和向心凝聚力。1979 年后，邓小平设计勾画了现代化伟大民族复兴“三步走”战略，提出了 2050 年前后中国要以主要人均指标达到当时中等发达国家水平而实现现代化的宏伟奋斗目标。后来的种种技术性修正（如由工农业总产值到国民生产总值，再到国内生产总值的指标选取），都是服从这个基本思路表述的，无伤于这个伟大战略构想的总体水准。可以认为，经济学相关的模型或测算并没有为邓小平这一宏伟战略提供多少量化的决策参考，但改革开放的总设计师邓小平看准了中国的潜力所在，并在其后正是由实践证明了这一决策的高水准。当 2000 年第二步目标（“翻两番”）提前实现之后，中国经济发展又在近年跃至世界经济“第二位”，那么 2050 年实现第三步目标就成为十八届三中全会提出“现代国家治理”面对的最实质性问题。为解决好这个问题，中国要在原来的治国理念上实现一个重要提升，即强调“治理”。“治理”与“管理”虽一字之差，但内在逻辑与导向却有明显不同，调控管理是表述政府居高临下、自上而下掌控的架构，而治理则是要求有多元主体更多平面展开的充分互动而形成最大包容性的发展所匹配的制度安排和机制联结。“治理”体系包括管理和自管理，调控和自调控，组织和自组织，更为注重的是以横向展开的良性、包容性“多赢”发展来充分调动各方面的积极性和一切潜力、活力。

习近平总书记已把中国现代化“三步走”战略目标凝结为“中国梦”的生动概念，这与一百多年志士仁人的主流追求和孙中山、毛泽东、邓小平的现代化战略思维一脉相承。在多年的探索和奋斗之后，我们“伟大民族复兴”的内涵已有了充分提升和明确的理性支点：第一，“中国梦”是从人本主义立场出发的，总书记讲“人民群众对美好生活的向往就是我们的奋斗目标”。实现“中国梦”是为人民群众谋幸福，且这种幸福是要正确处理眼前与长远、局部与全局利益关系的实质、可持续的幸福。第二，“中国梦”不带有狭隘民族主义局限，而是寻求世界各民族“命运共同体”的多赢、共赢，是在全面开放中以经济手段为主走“和平崛起”之路。邓小平当年有一个全局性的基本判断，即我们现在所处的时代是“和平与发展的时代”，也就是说，我们的时代主题已不是要解决原来“战争与革命的时代”战略判断之下“谁战胜谁”的问题，而是要解决如何共赢发展的问题。“核威慑”现实已清楚表明，虽局部的摩擦、战乱仍然不断出现，但第三次世界大战可以避免成为极大概率事件，正因为如此，邓小平特别强调一定要抓住战略机遇期，“扭住”经济建设为中心一百年不动摇，再不可丧失机遇！在这个大背景下，邓小平提出

2050年前后中国经济发展的主要人均指标要达到当时的中等发达国家水平——当邓小平十分艺术、含蓄地做出这种谋划时，这一目标听来并无多大震撼力，毫不咄咄逼人。但几十年过去，中国经济总量已上升至世界排名第二位之时，人均GDP却仍排在世界第一百位左右，由此可见，如果中国再经过30多年的奋斗，能够以世界第一人口大国的身份达成人均指标排名进入前20位左右（即中等发达国家水平），再配之以其他现代化要素，综合国力在世界民族之林中将势必名列前茅。这一“后来居上”“后发先至”的现代化赶超战略，是中国“伟大民族复兴”不可否定的实质内涵。中国的现代化过程，十分明显，一不能走历史上某些经济体大量海外殖民之路，二不能走另一些国家“剑走偏锋”的军国主义之路，只能在全面开放框架下走与全世界“做生意”的经济社会和平发展之路，以“三步走”而联通抵达“中国梦”的战略设计，实质上是从“韬光养晦”“不争霸”连接追赶过程，最后实现伟大民族复兴。

然而，当前中国正站在历史发展的新起点上，一方面“从未如此接近”民族复兴，另一方面却有“矛盾凸显”无可回避，外部面对国际竞争的同时，内部从“物”的角度遭遇的资源环境制约（如雾霾代表的环境危机因素）和“人”的角度面临的人际关系矛盾制约（如收入分配、财产配置方面普遍感受到并引起了强烈不满的不公与紊乱）日趋明显，要想如愿跨越“中等收入陷阱”阶段，就必须依靠“60 条”《决定》所规定的实质性全面改革来化解矛盾和隐患，在2020 年实现全面小康的同时，使全面改革“取得决定性成果”，即攻坚克难推进全面改革化解矛盾制约和阻碍，才能继续“大踏步地跟上时代”。

总之，“现代国家治理”这个核心理念，必是在中国人过去所有的追求和逐步形成的现代化认识基础之上，承前启后、聚焦到全面改革取得决定性成果与“中国梦”愿景追求之上的。

现代市场体系——市场在资源配置中发挥“决定性”作用

与全面改革取得决定性成果相关联，必然要讨论总体资源配置的机制问题，以及经济基础决定上层建筑，文化、政治也必须在资源配置经济机制层面之上一并解决好的制度建设基本取向问题，这就直接涉及党的十八大《报告》所强调的政府与市场关系这一“改革的核心问题”。此问题又必然联通到党的十八届三中全会《决定》中紧跟“现代国家治理”的第二个核心概念，即“现代市场体系”。在相关表述上，《决定》第一次于中央最高层级文件上明确要求“使市场在资源配置中发挥决定性作用”，这是极其来之不易的。邓小平在改革开放之初 1979 年接见外宾时，就明确提到：社会主义为什么不能搞市场经济，我们也要搞市场经济。但此话当时对内不作传达，秘而不宣。为什么呢？当时邓小平意识到如果那时传达下去，会吵作一团，于事无补。在百废待兴、亟须发展之际，他作为高超政治家的要领是少争论、最好不争论（他曾说“不争论是我的一大发明”，不想争来争去，把时间都消耗掉、机遇丧失掉），要力求把“实事”做起来。此后，中国渐进落实了一系列“实事”：第一，从容忍、鼓励农村的“分田到户”走向联产承包责任制，几年之内使农村面貌改观；第二，以“杀出一条血路”的决心和魄力在深圳等地建立特区，“撞击反射”、梯度推移；第三，“摸着石头过河”，微观层面试行国有企业基金与利润留成，宏观层面上设计渐进改革，首先于 1980 年从财政实行分灶式吃饭开始放权，并在向地方放权的同时，明确要求权力要继续下放到企业，让企业活起来，打开财政分权这个空间以后，后续的计划体制改革、投资体制改革、劳动人事制度改革、金融制度改革等等再逐步推出；第四，1984 年终于通过中央全会的形式正式做出关于经济体制改革的决定，总体上定位为“有计划的商品经济”；第五，1986 年考虑经济改革必须配上政治体制改革，否则经济改革就走不远，并把“有计划的商品经济”进一步表述为“国家调节市场，市场引导企业”，即政府不再是一竿子插到底管控企业，而是使用法治化环境中规范的经济参数手段（如利率、税率、折旧率）影响生产要素的价格信号，给出微观主体自主做出生产经营决策的空间，以解放生产力，使千千万万分散的市场主体的聪明才智可以得到最大的自由选择空间真正地释放出来；第六，政治风波发生后，邓小平曾不得不做出妥协姿态：那两句话（指“国家调节市场，市场引导企业”）如果认为不合适，可以先不提，但他又给出十分强硬的态度：“党的十三大的政治报告一个字都不能改”，要把人民群众公认是改革的人放到领导岗位上；第七，在 1992 年年初有决定性意义的南方谈话后，中国得以在几个月内由最高决策层确立了社会主义市场经济目标模式，继之，1994 年财税配套改革就成为打造社会主义市场经济中的间接调控体系的重头戏。然而，即使是在确立市场经济目标模式之时，文件中的表述也只是说到使市场在资源配置中“发挥基础性作用”。现在，又经过 20 余年的发展，终于有了《决定》所说发挥市场在资源配置中的“决定性作用”，这就把汉语语境中的市场经济应有的资源配置机制合乎逻辑地说到位了。当然，这个“决定性作用”是对于资源配置总体而言，并不是市场决定一切，不是在每一个场合、每一个具体领域，特别是非经济领域都决定，紧跟其后的是“政府更好地发挥作用”的要求。习总书记曾以很长一段话对“决定性作用”

做出专门解说，其核心意思在于这一表述有利于实质性地解决好党的十八大所提出的政府和市场关系这一改革核心问题，有助于实质性地推动攻坚克难的配套改革。

“决定性作用”的表述，对于今后中国长远发展的影响一定是不可忽视的、巨大的，特别是在“决定性作用”概念后，还强调地提出了市场经济基石——产权制度层面值得大书一笔、具有突破性意义的表述——要大力发展“混合所有制”，把它作为基本经济制度的重要实现形式。对于混合所有制的理解虽然还有分歧（如有的专家学者说，多种经济成分并存就是混合所有制，我们并不认同，“并存”问题在改革开放初期就早已解决），但我们认为应有的认识之关键点，是现在所强调的“混合所有制”的内涵，实际上是在一个个企业体内，以股份制这种现代企业制度形式，联结于内部治理结构，以最大的包容性，把所有的产权包括“公”的股、“非公”的股，“国”的股、“非国”的股都混合、涵盖在里面，寻求多赢、共赢——更实质的追求，便是有效解决国有股“一股独大”、民营企业如何突破“玻璃门”“旋转门”“弹簧门”等问题。

萨缪尔森《经济学》中提炼的“混合经济”概念，刻画到股份制这个产权基石形式上，实际上与此是相通的：如以通用汽车、通用电气等跨国公司为代表来做观察，其股权结构已高度分散，通用公司最大股东的股权份额只有区区几个百分点，不少普通劳动者和产业工人都有股份，这就是我们早就听说的所谓“人民资本主义”。这种混合所有制的运行形式是在高度法治化情况下，使所有权益纠纷都能够低交易成本地依法解决的标准化股份制。股份制的现代企业制度，对于市场经济中产权制度基石的处理，提供了顺应社会化大生产的发展、工业革命后人类文明提升过程的良好制度载体。实际上，混合所有制在我们观念上所要求的突破，就是要淡化和摒弃过去面对企业股权层面“国进民退”还是“国退民进”，穷追不舍地问到底是姓“公”还是姓“私”、到底是姓“社”还是姓“资”的“贴标签”思维，以微观层面的现代治理呼应宏观全局的现代治理，进一步打开包容性发展的潜力空间。

如果考察 PPP（Public-Private Partnership，过去直译为“公私合作伙伴关系”，现意译为政府与社会资本合作）与混合所有制的天然对接，我们可以对混合所有制调控机制的包容性与适应性（响应机制）方面形成充分肯定的认识。PPP 中典型的项目开发主体 SPV（Special Purpose Vehicle，特殊目的载体，即特殊项目公司），正是清晰的混合所有制，而且政府的内在动机是天然地不想“一股独大”。基于这种混合所有制，PPP 实现的融资模式的创新，通过政府、企业、专业机构“1+1>3”的绩效提升机制，又升华为管理模式和治理模式的创新。

近十余年来影响全球经济运行的调控大事件，一是针对亚洲金融危机，二是针对美国次贷危机引发的全球“金融海啸”与金融危机。亚洲金融危机在我们身边最有冲击力的事件之一，是媒体所称的“港元保卫战”，索罗斯在香港地区市场布局后启动其“狙击”时，特别行政区政府的应对措施是把隔夜拆借利率一下提高300%，使游资的运作成本一下高得难以想象——当然这也就加剧了股市的急跌，但是特别行政区政府又动用政府外汇基金和土地基金入市托住股市，结果没有发生索罗斯预测那么深度的跌落情况，这就是混合所有制框架下特有的调节调配空间。“港元保卫战”的结果是索罗斯在香港地区没有如在泰国等地那般得手。当香港的金融市场恢复稳定后，港府又以盈富基金模式，逐步有序地出售手中“官股”，尽量减小对市场的影响，而且还可以卖个好价钱，溢价部分成为公共收益。这是混合所有制框架下的调控产生了很好正面效果的案例。美国爆发金融危机后，政府实际上跳出主流教科书和“华盛顿共识”的套路，在供给侧区别对待地出手调控：在一开始没有救雷曼公司导致局面迅速恶化后，美国当局总结经验，分别出手为“两房”、花旗、通用注资。美国并没有争议过这个操作中姓“社”还是姓

“资”的意识形态问题，也就是认为，在这个特殊的调控阶段，需要有这样的操作，从而使混合所有制的包容力对于以后整个经济全局产生了明显的正面效应，不仅美国的经济社会走向稳定，而且使世界性的危机恐慌得到收敛。目前，中国一个迫切需要解决的认识问题，其实就是不要再陷入前几年实际讨论水平不高、谁也说服不了谁的“国退民进”还是“国进民退”的简单化争议，特别是不要再简单地贴用姓“社”姓“资”的标签，把握好实事求是导向下的企业改革“真问题”。

混合所有制是社会主义市场经济基本经济制度的重要实现形式，这是中央在过去已有关于“股份制是公有制的主要实现形式”认识基础上的新的提升，并一定会助推民企发展中真正冲破“玻璃门”“旋转门”“弹簧门”，使公的、非公的股份共赢发展。马克思在《资本论》中说过，如果没有股份制，铁路的兴建还将是不可想象的。马克思有生之年已敏锐意识到股份制的包容性对于经济和公众的影响，指出它是原来私有制的一种“扬弃”，但是还没有体现如何总体冲破资本私有制的外壳，所以马克思称为“消极扬弃”。一百多年又过去了，随着人类社会发展、文明提升，我们的认识应与时俱进，应可实事求是地考虑这一认识从“消极扬弃”走向“积极扬弃”。比如，上市公司作为标准化的股份制公司模板，在上市环节其英文表述为 go public（走向公共），绝非“私”的导向与逻辑了。这种产权非常清晰、充分披露信息、体现社会责任、接受全社会监督、对公众产生正面效应的公众公司，其实已不能再以严格的私有制一言以蔽之，它既带有混合所有制的框架形式，也具有不同成色的“混合实质”。未来中国要在“社会主义市场经济”中继续“大踏步地跟上时代”，混合所有制一定会打开空间。这对中国今后几十年完成“中国梦”愿景，其影响一定是非常深刻和长远的。

现代财政制度——财政是国家治理基础、重要支柱与全面改革支撑

《决定》中第三个重要的逻辑链接，是把“现代国家治理”“现代市场体系”以及“使市场在资源配置中起决定性作用”“积极发展混合所有制经济”结合在一起后，又引出了作为基础支撑的“建设现代财政制度”的要求。文件中明确指出，财政是“国家治理的基础和重要支柱”，这在如此高规格的文件中是第一次，但完全符合学理，是一种严谨的表述。财政可称为政权体系“以政控财”“以财行政”的分配体系，处理的是公共资源配置问题，而公共资源配置及其优化一定会拉动和影响整体资源配置及其优化。财政预算体现国家政权活动的范围、方向、重点和政策要领，以“钱从哪里来，

用到哪里去”的财力安排规范政府该做什么、不做什么，既不越位，也不缺位，使政府能“更好地发挥作用”——这种公共资源配置中政府职能的合理化，当然要成为现代国家治理的基础，这完全符合所有的经济学知识和逻辑演绎分析，没有任何夸大。因此，推进现代财政制度的构建，也就是要对应“60 条”的主旋律，为全面改革做支撑。这是对财政服务全局的必然要求，也是对整个中国完成现代化转轨的历史性考验。

面对 2020 年，我们要力争使全面改革取得决定性的成果，否则全面小康即使实现，其意义可能也是大打折扣，因为虽然从人均收入指标的动态趋势看，以“稳增长”措施使 2020 年达到原已设定的要求几无悬念，但只讲全面小康而无改革取得决定性成果，并不足以解决跨越中等收入陷阱、转型陷阱的现实挑战性问题。我们应该更多地注意把握住问题的实质——目前改革已经推进到“攻坚克难”阶段，所有容易做的事已经做完了，好吃、容易吃的肉吃光了，剩下的都是硬骨头。习近平总书记反复说的“要冲破利益固化的樊篱”，就是学者常说的要冲破既得利益的阻碍。在此背景下，任何一项改革都可能称得上千难万难。中央已经成立了深化改革领导小组，对所有改革的事情做出一元化的统筹指导和协调。对于当下改革阶段特征的基本判断，在此提出三个基本概念。第一是矛盾凸显期，如前文所述，矛盾最主要凸显为两点：一个是资源环境的制约，比如大家都能感受到雾霾的冲击，另一个是人际关系的紧张，比如中国现在谈到收入分配，几乎人人都认为不公平、有问题——这些矛盾如果不能有效化解，“中国梦”前景中的阴云会越来越重；第二是深水区，换句话说就是总书记所说的“好吃的肉吃光了”，现在于深水区牵一发动全身，要动真格的，特别需要配套、统筹规划；第三是关键时期，中国的转轨已到了“新权威主义”的尾巴阶段，但仍不可能设想以全社会完全分散化、布朗运动式地实现社会制度安排的全套更新，所以必须强调执政党“壮士断腕”般的自我革命、在中国共产党作为执政党可以有效组织各种资源的情况下，未来一段时间这种所谓新权威主义的组织能力，有可能使我们相对便捷地去自我革命和贯彻后来居上的发展战略。然而新权威主义是效能递减曲线，并且不能天然地保证我们如愿走到伟大复兴现代化目标实现的轨道上，也有可能走岔道。今后十年，是决定中国能不能在度过 1840 年后的低落时期并终于走到面对 2020 目标的新起点之际，继续大踏步跟上时代完成“中国梦”目标的关键时期。

在这种情况下，接下来的思维是一定需要居安思危，防患未然，要有紧迫性。这种紧迫性可以用祁斌先生所说“两只老虎的赛跑”来比喻，中国现阶段整体的形势就像有两只老虎在赛跑，一只叫“改革”，另一只叫“社会问题”。这两只老虎各自要素齐全，似乎也看不太清楚对方，但都在往前跑，哪只老虎跑得更快一点，将决定中国的命运。周其仁教授后来意味深长地补充指出：改革还要和新生代的主流诉求赛跑。试观察社会上的“80后”“90后”以及还会有的“00后”们，他们可能已没有耐心来听前辈们“忆苦思甜”和讲解“主旋律”，他们也可能大多不会有多少兴趣去深究1949年新中国成立后各个发展阶段的得失，但他们是会有主流的诉求和以“人心向背”形成的“水能载舟，亦能覆舟”的社会力量的。

辛亥革命后，孙中山先生在海宁观潮之后曾题写：“世界潮流浩浩荡荡，顺之则昌逆之则亡”。这种只能顺应、不可违拗的世界潮流，我们现在可以归纳为这样几条：第一是工业化。这别无选择，中华民族作为世界上唯一的几千年古老文明没有中断的民族，落伍就是从工业革命开始的，民族复兴必须在工业化中迎头赶上。第二是城镇化。工业化必然伴随城镇化，过去我们曾经历几千万人上山下乡，逆势操作。第三是市场化，即市场取向改革，我们的探索已落到邓小平“南方谈话”之后锁定社会主义市场经济目标模式。第四是国际化或全球化，已表现为以中国的“入世”来锁定全面开放格局。邓小平同志的判断非常清楚：不改革开放是死路一条。正是有了这样巨大的扭转，我们的路才越走越宽。第五是信息化，或者说高科技化，也即所谓第三次产业革命浪潮我们决不可再擦肩而过。除此之外，显然还有另外一个重要的不可逆转的要素，即依法治国、法治化、民主化。新生代的主流诉求一定会在上述这些的发展轨道上综合体现出来。

财政作为国家治理的基础和重要支柱来服务全局，就要以合理的财力分配和自身的改革，支撑全面改革的攻坚克难。

现代政治文明——全面改革联结“全面法治化”

2014 年 12 月举行的党的十八届四中全会，以“法治化”为主题，鲜明强调了“依宪治国”“以宪行政”的总原则，并给出了法治建设上的“全面依法治国”指导方针和推进制度建设的部署；2015 年 10 月举行的党的十八届五中全会，则形成了以“创新”“协调”“绿色”“开放”与“共享”为主题词的系统化发展理念。这两次全会与党的十八届三中全会的改革精神贯通，从而构成以创新驱动全面改革联结“全面法治化”现代政治文明、践行现代发展理念的“供给侧”制度变革总纲的进一步延伸。

要想实现全社会可预期的稳定环境与健康发展，就要贯有现代文明范畴里的法治。比如，紧密结合经济生活与社会经济行为，从法律的角度分析财产权问题及其社会意义，将有一系列的逻辑节点可以展开。首先要说到根本大法——宪法。经济社会转轨中，其实中国宪法还必须酌情修订。对于1982年在彭真同志主持之下修订的宪法，现在很多人是给予高度评价的，但其后仍不可避免要作多轮修订。最近一轮修订，在原来宪法条文里表述的“公有财产神圣不可侵犯”的旁边，增加了“合法的私有财产不受侵犯”。说到“公有财产神圣不可侵犯”，在表述上“神圣”两个字只是渲染意义的，关键在“不可”两个字，这意味着公有财产受侵犯的情况下，一定要有惩戒措施跟上；而到了私有财产，现在只是说合法的私有财产不受侵犯，并没有交代受侵犯怎么办。这就体现了对其条文酌情改进的必要。如果这个表述是在平时文章或者口头言说里出现，无伤大雅，但是写入庄严的宪法，我们认为还是不够格的，它没有解决在“私有财产权入宪”这一重要问题上，“受侵犯了以后怎么办”的问题。但是从另一个角度来说，这句话写进去总比没有好，所以要承认上一轮修宪有进步，但是水平尚不太高。现实生活中合法的私有财产受侵犯的情况还是不少，如对于“重庆打黑”已揭露出来的各种各样侵犯合法私人产权的案例。

习总书记所说“把权力关进笼子”，是非常有建设性的。共产党是执政党，执政党是有权力的，这个权力就是公共权力。公权由一个一个具体的私人执行，实际生活中肯定会发生扭曲，立法的关键是把权力关进笼子，力求最大限度减少扭曲。如果笼子是法律，那么就还要说到一个我们的治国理念——法治（不是“法制”，翻译成英文不是 rule by the law，而是 rule of the law）。现代文明要实现健康的民主化，一定要用“法治”的治理概念，真正“走向共和”。在义理上讲，“法制”（rule by law）以法律为统治工具，“法治”（rule of law）则是“法律的统治”，表达“法律最大”的思想。“法制”强调法律的工具价值，“法治”强调法律体现公众意志和至高无上的权威。“法制”是静态的法律制度体系，制度体系有好有坏。“法治”则是一个好的法律制度体系得到有效实施的动态描述，逻辑取向上说，“法治”只有好的法治，没有坏的法治。法治的首要任务是剔除现有制度体系中的“恶法”，法治的目标是“良法善治”，也就是“好的法”运行在现实秩序中，达到了“好的效果”。

在严重缺乏法治传统的中国，法治体系的建立，当然首先要优化宪法。宪法是根本大法、最上位的法，如前所述，在经济社会转轨中，看来中国的宪法还需要一轮一轮地修改。宪法下面要有完整的法律体系。这段时间，中国法律体系建设理念上最值得称道的一个进步，是从“法律”和“法规”的发展中形成两个方向，即负面清单和正面清单。负面清单所列上去的是不能做的事，这是对企业、对市场主体最适合的“高标准法治化营商环境”的打造，以上海自贸区为代表而首先明确提出，其后党的十八届三中全会《决定》提出要全面实施负面清单，因而对于企业和市场主体来说，“法无禁止即可为”——只要是负面清单上没有的，什么事情都可以做，“海阔凭鱼跃，天高任鸟飞”，充分发挥自主权和创造性。正面清单则适用于公共权力，即“法无规定不可为”，政府作为公共权力的主体在没有法律规定予以授权的情况下是没有权力做任何事的——“权为民所赋”。而且“有权必有责”，呼应于权力清单要有责任清单，落实问责制。这一套逻辑隐含的实际内容，是抑制官员动机中内在的“权力最大化、责任最小化”不良匹配，使权责约束清楚到位。把对市场主体的负面清单和对调控主体的正面清单合在一起，显然是一种比现在状况更理想的法治环境。

如此笼罩着、覆盖着的法规体系，第一重要的事项是“有法可依”，无论是负面清单还是正面清单，力求能够一步一步推到全覆盖。当然这只是一种向理想目标的“无限逼近”，比较成熟发达的经济体，比如美国、英国，也不敢说自己浩如烟海的法律条文或案例把所有的事情都穷尽了，也需要不断动态地优化，中国作为一个转轨国家更是如此。在有法可依的起点上再往下走，还有人们已说惯了的“执法必严”

“违法必究”，这和现实生活的差距也还很大。其实，在“有法可依”后面、在“执法必严”前面，中国现在特别需要强调的是有“良法”可依。目前尚有很多“法”的水平是相当低下的，甚至可说合法不合理的情况比比皆是，另一方面合理不合法的事情也相当多。改造恶法、不良法，是全民族无可回避的任务。白纸黑字未必代表着公平正义，对于一些有争议的问题，如果简单“依法执行”，并不一定能很好地得到解决。

邓小平在改革开放初期提出，要把党和国家的制度建设问题放到非常高的地位上，制度设计好了，坏人就不可能任意横行，制度设计不好，好人也会被动犯错误。只有制度才有稳定性、长期性和有效性，才能摆脱依靠以领导人的个人精力、注意力、偏好决定党和国家整体运行轨迹的风险。习总书记提出的“依宪行政”下的全套规范制度建设，与之是一脉相承的。但这些在现实中还是会遇到一些很有挑战性的问题，举两个具体的例子：一是上海自贸区。创立自贸区时，所需的众多新规则与现行法规都有所冲突，所以综合部门对其持反对态度，依据就是“讲法治”，但中央很快发出明确信息：现实中所有和自贸区所需新规发生的矛盾，在处理上都要给自贸区让路。二是当年中国加入世界贸易组织（WTO），所有和 WTO 规则相抵触的法规都要以“清理文件柜”而被清理掉。这些与严格执行法规的理念看上去似有所冲突，但如果要使法治能够达到一个合格的境界，就必须考虑鼓励先行先试因素和“变法革新”，必须给出弹性空间。先行先试的意义是积累经验，不能说试验无懈可击、非常完美，就是成功了，而以后出现调整就失败了——可以此视角看待房产税在沪、渝的“两地试点”。习总书记已非常明确地表示，今后的改革要继续鼓励先行先试，要继续鼓励摸着石头过河。

中国要走向现代国家，走向“国家治理现代化”的境界，不建设法治社会是注定没有出路的。习总书记强调“司法腐败是最大的腐败”，则是直指这一问题对我们现在执政党“自然法”式合法性意义的严重销蚀和挑战。习总书记在司法工作会上提出要清除我们司法队伍中的“害群之马”，取向是“让人民群众从每一个案件中看到公平正义”，这个方向完全正确。但是实际生活中，不可能让中国天文数字的每个案件都能真正符合公平正义，我们要尽一切努力使不公平正义案件判决的比重下降到最低限度。

在把握潮流、创造历史的关键时期，我们所要掌握的就是如何化解矛盾以及跨越种种陷阱，在这个过程中，除“中等收入陷阱”和“转型陷阱”，具体的陷阱形式中，还有已经被很多人意识到的“塔西佗陷阱”。2000 多年前的历史学家、政治学家塔西佗指出，在社会生活中存在着一个政府公信力的临界点，过了这个临界点，政府的所有决策，即使是正确的，也会无济于事，局面将变得不可收拾。我们在某些局部场合（如贵州瓮安事件），已经看到这样的威胁。另外，政治局会议讨论住房问题时，已提出“福利陷阱”问题。虽然我们应该从人民群众最关心、最涉及直接利益的事情做起，但政府作为调控主体，还必须考虑在眼前利益与长远利益、局部利益与全局利益、根本利益之间，怎么样权衡，否则福利陷阱会把我们拖入中等收入陷阱，最典型的前车之鉴，就是一些拉美国家。一百多年前，阿根廷跟美国的人均 GDP 等经济指标不相上下，但现在美国已经成为头号强国这么长时间，阿根廷则进入中等收入陷阱后一蹶不振，智利等国曾大同小异。“民粹主义”基础上的福利赶超，结果不仅是福利不可持续而从云端跌落尘埃，一起跌下来的还有发展的后劲，痛失好局之后所有社会矛盾全被激发出来，引出多少社会动荡，多少血泪辛酸。中国经过前面三十几年的发展，有了历史性的新起点，已进入中等收入阶段，但绝不是以后自然而然地就能实现“中国梦”，如何真正避免这些陷阱，是有重大实际意义的真问题。

西方主流意识中的“现代化”是和中世纪切割，在告别“黑暗的中世纪”后进入一个新的境界，转折点是文艺复兴。文艺复兴有很强烈的人本主义色彩，引导形成的主流意识是法国大革命和美国《独立宣言》追求确立的自由、平等、博爱、民主、法治。党的十八大提炼的三个层次二十四个字的核心价值观（国家层面的富强、民主、文明、和谐；社会层面的自由、平等、公正、法治；个人层面的爱国、敬业、诚信、友善）里面，实际上包容了所有自文艺复兴以来人类文明不断提升的主流要素。必须承认无论是西方还是东方，某些属于人性的东西是相通的，比如孔孟之道里的“己所不欲，勿施于人”就完全立得住，是普世的，只要明确这个立场，就一定会引到博爱，一定会引到按照人类社会文明发展的取向来处理人际关系。所以从另外一个角度来说，虽然“现代化”这种主流意识带有一定的西方色彩，但不能简单地认为是西方中心论，不能在文明比较的情况下认为西方的都立得住，东方的都立不住，这是需要具体分析的。东方的一些东西，在我们合理地发掘它的积极因素之后，要使之更好地跟外部世界互动，形成“美美与共，天下大同”的境界，虽然道路很漫长，但是趋势越来越清楚：在全球化时代、互联网时代，如果不寻求多赢共赢，可能会处处碰壁，甚至头破血流。相反，如果更多地强调“己所不欲，勿施于人”，讲民主法治和相互尊重，那可能就是增加朋友、减少敌人。

人们说到的“现代化”横向比较的概念，是不断动态推进的组合，这个动态推进也需要依靠一些基本原理去实现，比如“自由”应是法治限制之下的，否则无法处理个体自由间的冲突；“民主”要走向共和，否则可能引出“多数人的暴政”。共和是承认所有参与主体的诉求都应该得到尊重和表达，然后做理性的讨论，寻求最大公约数。辛亥革命以后，我们中国人苦苦探索，但一直没有走到真正的共和境界。

所以“现代化”不是一个可以贴东、西方标签的问题，应该在全球化新阶段东、西方互动的过程中不断提升综合境界。公共资源、公共权利的配置即公共事务的处理是社会发展在哪个阶段都躲不开的，比较初级的解决形式叫“宫廷解决”，氏族公社后期开始私有制因素影响公共权利使用之后，带来了冲突，宫廷解决就是宫廷政变式的你死我活，比如中国历史上大大小小几十次的改朝换代，很多的皇帝就是在你死我活之中把对手包括亲兄弟统统杀光，自己才能坐稳江山，这种残酷的宫廷解决显然不符合人类文明发展趋向。第二个阶段的解决方式叫“广场解决”，更多的人知情，在广场上大家一起来做“群体事件”式的解决，但是广场解决的实际结果往往达不到一个平衡点，无法解决后，就会由广场解决转变为“战场解决”，当下最典型的就是在中东和埃及等地发生的一系列事件演变，广场的派别对抗演变成夺人性命的流血事件。现代人类文明最值得推崇的解决方式是“会场解决”，最典型的是美国酝酿宪法，在费城会场里讨论一百多天，从议事规则一点一点抠起，最后抠出美国宪法。“会场解决”后没有简单的谁输谁赢，或者说输方不注定永远是输方，下一轮可以按规则继续再来，这有点类似于奥林匹克，大家遵从一个中立的公正裁判。中国要真正走向现代社会，不是贴东西方标签的问题，是在看到前边的探索之后，把各种各样人类文明提升的要素，真正综合在一个现代国家治理的制度联结里，形成一个可持续的制度安排，这其中有很多重要的探索，也有种种细节的问题。试以一句话概括：简单的单线文明论、西方中心论是带有片面性的，但要承认文艺复兴直接引导了带有偶然性、但实际上决定了其后世界全貌的工业革命，以及一些特定的因素汇集支撑美国形成一个世界头号强国的全套要素组合。中国的伟大民族复兴，要认同“顺之则昌，逆之则亡”的世界潮流，争取达到把中西方所有的文明要素组合在一起、融汇在一起的可持续发展状态。

现代发展理念——以创新为“第一动力”、改革为“关键一招”的守正出奇

党的十八大之后，“全面深化改革”和“全面依法治国”的部署又继续推进到党的十八届五中全会提出的以创新发展为“第一动力”结合协调、绿色、开放发展而归宿于共享发展的系统化的现代发展理念，在此背景下，决策层十分清晰

地表述了“着力推进供给侧改革”的指导性意见。把供给管理依其内在规律摆在长期视野中，更多加以强调和优化，是合乎逻辑地服务实现中国现代化伟业之全局战略。作为一个转轨中的发展中大国，我们要追求的必然是以“追赶—赶超”过程而达到后来居上的现代化“伟大民族复兴”。中国“三步走”现代化之路，其实就是邓小平设计的从追赶到赶超而和平崛起的现代化过程。“中国梦”作为第三步战略目标实现之时一个非常形象化的表述，其实现过程中，过去我们更多依靠了“后发优势”，而推进到认识、适应还必须加以引领的“新常态”新阶段，现在一定要努力转为更多地争取供给侧发力的“先发优势”。我们认为，大思路定位必然是以供给侧改革、创新引出整个供给体系质量、效率和综合功能、绩效的总体跃升，体现为以改革为现代化“关键一招”的制度供给“守正出奇”。

所谓“守正”，就是政府更好发挥作用的前提是要充分认识、适应和尊重市场规律，对市场要怀抱敬畏之心，充分尊重市场机制在资源配置中总体而言的决定性作用。这是人类历史各经济体长期实践反复证明了的“共性”规律。所谓“出奇”，就是还必须充分认识和把握中国特色社会主义市场经济发展中必然要处理的特定“个性”，在关于国情、阶段、相关制约条件、发展机遇的通盘理解与判断基础上，不是简单照搬他国的经验和自己过去的经验，而是建设性、创新性地打开“有效市场+有为、有限政府”合成的有效供给体系的潜能、潜力空间，在政府履行职能方面有意识地把“总量型”需求管理与“结构型”供给管理相互结合，特别是把“理性供给管理”作为“十三五”及中长期中国经济升级发展、可持续发展的内在要求和重要组成部分。“供给侧结构性改革”命题承前启后、继往开来地紧密结合“有效制度供给”这一改革的关键。守正出奇的含义，一言以蔽之，就是实施理性的供给侧改革创新，以有效制度供给为统领的供给体系更好地解放生产力回应需求侧的演变，而在创新驱动中继续超常规实现经济、社会的发展。中央决策层实已把“供给侧改革”这样一个视角从学理层面提升到中国特色社会主义政治经济学对于政府科学决策的支撑，未来中国在供给侧改革视角上的探求，也正是践行“理论密切联系实际”的现代化创新发展过程。

第三篇

新供给经济学的国情分析和政策主张

6. 中国国情制约下的“非常之局”

过去30多年，中国经济实现了年均近10%的高速增长，总量规模在世界各国当中的排名上升到第二位，占全球经济的比重由以前的不足2%升至10%以上。2010年，中国人均GDP超过4000美元，进入中等收入国家行列。近年来，中国人均GDP继续上升，2011～2012年分别超过5000美元和6000美元，2013～2014年分别为6767美元和7485美元。然而，立足于中国现阶段及未来中长期经济发展实践，不得不直面不断收窄的宏观调控弹性空间、“供给约束”与“供给抑制”、胡焕庸线“半壁压强型”能源环境制约以及中等收入陷阱真问题挑战等一系列呼唤“供给侧”改革的国情制约，这些中国基本国情制约之下所形成的“非常之局”，需要以“供给侧”改革及其所匹配的“非常之策”来破解。

不断收窄的宏观调控弹性空间

中国宏观调控和可持续发展面临新环境、新局面及新挑战。虽然中国已经成为“世界工厂”，但自我创新能力仍然不足，技术进步在很大程度上仍是对国外技术的模仿，而如今作为技术创新领头羊的美国通过信息、生物、新能源等技术进步继续引领高科技发展潮流，其他经济体在此方面也争先恐后。伴随着严酷的国际竞争，未来中国技术进步的空间仍会受到压抑。在明确“走创新型国家道路”为国策之后，战略性新兴产业政策亟须达到预期效果，但前景未必十分乐观——近年来光伏产业面临的阶段性困局已包含了多种启发与警示。人力资本方面，经过高校扩招的“教育大跃进”，虽然人均受教育年限有所增加，但如今高等教育的功能似乎更多地在于缓解社会就业压力，教育质量和人力资本质量提高受到多种因素制约；职业教育的发展虽有积极努力，但仍任重道远。劳动力供给和社会保障方面，我们更面临着企业用工成本迅速上升和老龄化社会到来的转变和长期问题。因此，如何化解中国面临的经济社会矛盾凸显与冲击，挑战已非常严峻。当前及今后一个很长时期，中国经济必须适应弥合“二元经济”所必经的经济模式转变和社会转型，并在国际金融危机之后学会在一个更具复杂性、与国内消费联系更大、对出口和投资依赖程度较小的增长模式中把握宏观调控事宜。当跨过刘易斯拐点和“巴拉萨－萨缪尔森效应”（通常指某一经济体经济增长率越高，其工资增长率也越高，实际汇率上升得也越快）起点后，由于劳动力供应趋于紧张，劳动者工资率趋于上升，从而有望提高劳动者收入在国民收入中的比重，同时实际有效汇率也将表现为升值。在新的背景下，虽然通常的反周期性质的总需求管理不乏其用武之地，但寻求结构优化、促进生产率长期持续增长的供给政策，将具有越来越重要的意义。

就中国现阶段经济实践来看，传统意义上的货币政策和财政政策总量着眼的反周期操作，已难以适应中国经济步入新的发展阶段后的总体要求。货币政策作为总量管理政策，较为突出的局限性就在于难以有效解决经济中的结构性问题。中国最近两轮通货膨胀具有明显的结构性特征，主要以食品价格推动为主因（在 CPI 的上涨因子中高居 75%～85% 的份额），交通、通信和娱乐、教育、文化用品及服务类商品价格几乎没有上涨，甚至小幅下降。对于猪肉等食品价格上涨，除考虑货币因素外，如果能够有效增加产品供给，将可以缓解物价上涨并实现价格调控目标，而无须全面实行“一刀切”的银根紧缩货币政策调控，减少对本应大力发展的其他部门的不利影响[1]。在劳动力成本上升和潜在增长率下降的情况下，总需求管理如果操作不当，不仅可能会和其他因素综合而使经济运行陷入“滞胀”风险——美国等已有前车之鉴，还可能引发资产泡沫加剧“大起大落”——日本就是很明显“泡沫化”的前车之鉴。日本经济在20世纪80年代中期达到顶峰后，不可能再像六七十年代那样高速增长，但是日本决策当局过分自信和迷信宏观政策的刺激作用，实行了低利率的宽松货币政策。最终结果是放任了资产泡沫的发展，并导致泡沫崩溃和陷入痛苦停滞状态的“失去的二十年”。

财政政策所受的“三元悖论”式的制约，是一个永恒的命题，即减税、增支和控制负债三项要求不可能同时满足[2]。经历上一次四万亿元政府主导的投资为代表的扩张性财政政策后，中国以财政政策刺激经济的安全空间已明显收窄。而且，更为主要的是，虽然中国宏观税负总体水平尚属合理，但考虑各种制约因素和居民实际社会保障情况，进一步提升税负总水平并不可行，在完善税制基础上通过结构性减税刺激经济增长是必要的，也是各方所期盼的，而且这并不一定

① 贾康．中国特色的宏观调控必须注重理性的“供给管理”［M］//．热点与对策——2009～2010财政研究报告．北京：中国财政经济出版社，2011.

② 贾康，苏京春．财政分配“三元悖论”制约及其缓解思路分析［M］//．收入分配与政策优化、制度变革．北京：经济科学出版社，2012.

会产生长期视野内限制政府财政能力的影响，但短中期内伴随经济下行财政的“过紧日子”的压力影响却无可回避。与此同时，未来中国财政支出将迅速增加，包括用于健全养老金体系、医疗保障、教育、住房等方面的支出，以及建设“创新型国家”的必要投入。另外，多年积累的大规模地方政府融资平台债务已形成了不容忽视的隐性财政负担。因此，中国公共财政负担总体而言会逐渐加重，不突破预留财政空间和保持财政可持续性是重要的目标，需要有关部门未雨绸缪，及早做出安排。当然，这并不意味着短期财政政策不重要和无所作为，在总需求明显下降时，积极的财政政策对刺激需求起着重要的作用，并且短期措施与中长期结构优化、改革深化的衔接与协调，也需要财政政策在加大扩张力度的同时发挥“区别对待”的特定调节功能。但由于刺激政策、区别对待政策功能与作用空间毕竟具有局限性，容易与政府的不适当强势干预及改革难题形成交织与纠结。尽管中国社会福利体系健全完善需要大量的资金投入与财政支持，但其保障水平应符合中国财政可承受力等方面的实际情况。拉美国家的经验足以为我们提供重要启示。很多拉美国家的政治家为了取悦选民，只是一味追求高水平的“福利赶超”而跌入“中等收入陷阱”，痛失大好发展机会而一蹶不振。前些年的欧债危机的演变轨迹也与此有相似之处。建立一个正确的社会保障模式和社会福利模式是构建可持续和谐社会的前提条件和基础，中国现阶段特别需要关注基本民生、改进福利状况，但也需注重在统筹协调的科学发展观指导下，在福利增进过程中合理把握“度”，积极稳妥地掌控好可持续的渐进过程，财政政策的客观局限性在此也是不可忽视的。

中国通货膨胀具有成本推动重要特征

虽然以弗里德曼为代表的货币主义将通胀原因仅归结于货币因素，这在竞争机制较完善和要素充分自由流动的成熟市场经济国家一般是无大问题的，因为在较为健全完善的市场机制作用下，经济会较快形成新的均衡，结构性问题与非货币供应量因素并不突出，但显然这一条件在中国并不适用，相伴货币主义解说框架而来的可能误导，是易使人们简单地在观察认知时，把物价上涨完全等同于货币过多、通货膨胀，进而又唯一地在对策方略上，把货币政策从紧作为解决问题的不二法门、完全手段（与之相应，在经济面临通缩压力的阶段，则只顾及考虑放松货币政策）。靠货币政策“单打一”地调节有效需求，在中国会尤显其失误。最近两轮通胀经验表明，通胀预期在通货膨胀中起的作用越来越大，并伴随明显的结构特征（如前所述，中国 CPI 上涨中的主要影响因子多年来就是“贡献率”高达 75% ~85% 的食品类）。由于市场机制的逐步发育等原因，社会通胀预期的形成既基于以往经验，也根据对政策及未来经济变化的判断，属于“前瞻后顾”型预期，是具有较强惯性的“适应性预期”与“理性预期”及“理性预期失灵”的混合体。与此同时，长期以来投资驱动兼出口导向型的经济增长动力开始弱化。中国的高速经济增长曾很大程度上得益于劳动人口占总人口的比例不断上升的“人口红利”。但是，中国已经接近或达到“刘易斯拐点”和“巴拉萨－萨缪尔森效应”起点①。近年，中国人口已经开始迅速老龄化，并从2014年总劳动人口开始减少，中国正明显地经历着劳动力市场从过剩转向不足。随着劳动力供给逐步趋紧，劳动力成本上升，“巴拉萨－萨缪尔森效应”，也即要素跨部门流动导致的要素价格均等化效应，将导致非贸易品价格即“劳动密集型”服务业价格加快上涨，推动成本的上升和整体物价水平的上涨。因此，货币政策对这种趋势性的成本推动的通货膨胀，需要做出有效反应，引导通胀预期，在经济下行中认真关注和应对通货紧缩压力时，也必须对通货膨胀因素向“滞涨”组合的演变保持高度警惕。

与“巴拉萨－萨缪尔森效应”和“刘易斯拐点”相伴随的是，中国经济的潜在增长率也将下降。2011年，国务院发展研

① 沈建光，姚余栋．消费率反转契机［J］．财经，2011（30）．

究中心课题组（刘世锦，等，2011）对中长期的中国经济增速作了预测。其主要依据是其他成功追赶型经济体的历史经验，并假定中国的发展路径与这些成功追赶型经济体较为接近。由此得到的预测结果是，中国经济潜在增长率有很大可能性在2015年前后下一个台阶，时间窗口的分布是2013～2017年。目前国内的较普遍估计是潜在经济增速将会下降到7%左右。按照这一假设，根据姚余栋、谭海鸣（2011）测算①，未来如要将中长期通胀预期稳定在2%左右，通货膨胀稳定在4%左右，初步估计，中国非加速通货膨胀经济增长率（NAIRG）在8%左右，而非加速通货紧缩经济增长率（NADRG）在6%左右。

上述从中长期可预见的通胀因素与增长速度下降的因素合在一起，已使中国经济运行面临某种“中国式滞胀”的潜在威胁，调控当局的操作空间正明显收窄，“经济问题政治化”的临界点压低。从近年中国的调控实践作一经验观察，中国年度经济增速波动区间的下沿大体需维持在不低于7.5%的量值（非加速通货紧缩经济增长率，NADRG，测值为6%），而上沿则需控制在9%左右（非加速通货膨胀经济增长率，NAIRG，测值为8%），其中也就有1.5～2个百分点的

① 姚余栋，谭海鸣．中国金融市场通胀预期——基于利率期限结构的量度［J］．金融研究，2011（6）．

弹性空间（从中长期估测，则有可能演变为6.5%～8%之间的弹性空间）；与之相应的经济景气水平反映到物价（以CPI为代表）表现上，其波动区间的下沿以不低于1%为好（如低于1%，此指标的灵敏波动中很容易击穿0而引出通缩恐慌），而上沿则需在4%～6%，其中仅有3～5个百分点的空间。2011～2015年的实际生活表明，中国宏观经济运行状况如要脱出上述速度与物价变动区间，一系列随之而来的“矛盾凸显”问题便极易带上“经济问题政治化”的色彩和社会生活中的“火药味”，政治决策就必然倾向于“稳定压倒一切”而不惜代价，也宁肯不顾经济学的“戒律天条”。这种区间制约的严苛特点，是改革开放前面30余年从未出现的情况，应足以使具有“远见卓识”意识的观察者和管理当局警醒。

分析表明，由于中国非贸易产品大多是低生产率且人工密集型产品，这也是这些部门的劳动力分享经济高增长收益的重要途径，因而，宏观决策者应当适度降低经济中长期增长目标并适当提高通胀容忍度，但这碰到了上述“经济问题政治化”的天花板。劳动力成本的变化和潜在增长率的下降，使中国经济越来越不可能维持以往的高速增长。特别是，与大宗商品成本的周期性冲击不同，劳动力成本冲击属于持久性冲击。李斌（2011）、伍戈（2011）的分析表明，在这种情况下，如果决策者仍想实现过去较高的经济增速，最终只能带来物价更高水平的持续上涨，而对产出拉动的作用不大。因此，总需求刺激政策并不明智，很可能仅是出现比以往更高的物价上涨，但经济增长仍未见起色，甚至还要低于已经下降的潜在经济增长率（如落至6%）。一旦在某个临界点或狭窄区间上（如7%～8%），中国经济增长率居于下方，而通胀水平居于上方，中国的运行和调控将变得极其“两难”和棘手。此即中国不可忽视、无法回避的“滞胀式”威胁，并且极易引发和加入以综合性社会问题为背景的“中等收入陷阱”（增长过程突然失速）与“塔西佗陷阱”（政府公信力急剧丧失）因素的恶性叠加。所以，只有以实质性的结构优化和增长质量的提升，形成全要素生产率的支撑作用，在以可持续的上行因素对冲各种下行因素之后，保持增长率居于上方而通胀水平居于下方的基本格局相对稳固，才能化解这种“滞胀式”威胁带来的“两难”“多难”困局；而优化结构和提高增长质量，势必要求以实质性的改革克服种种既得利益的阻碍，化解深层矛盾制约。

30余年的“中国奇迹”是依靠全面开放、利用人口红利参与全球分工和竞争，但更主要的是依靠改革释放了相关经济资源的潜力。但以市场经济逐步替代计划经济、降低交易成本、提高经济效益的同时，其制度优化进程还存在明显滞后的地方。目前，中国一般产品市场已基本完全放开，但要素市场和大宗基础能源、资源市场仍然存在严重扭曲，人为压低要素价格，从而粗放地（高能耗、高污染）促进经济增长。但也正是如此，对生产者和投资者的隐性补贴，使得经济严重依赖投资和出口，经济结构失衡的矛盾在前些年间迟迟不能有效化解，甚至越来越突出。因此，我们必须在实质性推进“顶层规划”下的全面配套改革中，更多依靠市场力量对经济结构进行调整，从而合理地运用市场和政府力量的结合，顺利实现向较高水平的常规经济增长路径和可持续增长路径转变。

根据未来一个时期面临的内外部形势，中国宏观调控政策一方面要在总需求管理上稳健且能预调微调，避免在稳增长努力下通胀轻易抬头；另一方面，需在货币政策的“松紧适度”和财政政策的“积极”搭配下，坚持有所区别对待地在“三农”、社会保障、区域协调发展、自主创新、节能降耗、生态保护、国防等领域运用结构性对策加大要素投入的力度和促进相关机制创新改进，通过“供给管理”加强这些经济社会中的薄弱环节，即增加宏观经济中的有效供给。这只会改进而不会恶化总供需的平衡状态，只会有利于维护“又好又快”的发展局面而不会助长下一期的通货膨胀和经济过热，而且将会增强中国在国际竞争环境中的综合竞争力和发展后劲。这里最为重大的要领在于，应考虑从根本上通过一系列的供给侧改革衔接短期诉求与中长期目标，化解中国长期发展和全要素生产率进一步提升的深层制约因素。

虽然在中长期内，中国面临外部经济环境恶化和老龄化等问题，势必告别高增长奇迹，但这并不意味着中国经济没有继续保持 10～20 年较快增长的可能。当前，中国还有很多深层次改革有待全面开展，如资源型产品价格形成机制改革、新一轮价税财联动改革、中小企业融资机制改革、有效减少行政审批、打破垄断的改革以及势必持续进行的户籍制度改革等等，这些改革大都能够帮助企业对冲综合成本上升的压力，在优胜劣汰的竞争中基于结构优化增加总供给，从而提高经济活力，既有利于控制住物价，又有利于保持增长的可持续性。“制度红利”是中国未来 10 年、20 年最需要着力争取的因素，也是超越西方的凯恩斯主义、供给学派两端的偏颇而正确发挥出“供给管理”优化结构、促进转轨的合理政府作用而促使中国现代化成功的关键条件。

基于胡焕庸线“半壁压强型”三重叠加的能源环境制约

把握中国供给体系的约束条件，关联于对中国基本国情的理解认识，对此亟有必要注重“胡焕庸线”。此线由胡焕庸教授于 1935 年提出，其以黑龙江瑷珲（今称黑河）和云南腾冲为两点确定的直线，将中国领土划分为东南和西北二部，故亦称“瑷珲—腾冲线”，该直线倾斜约45度，以此直线为界，当时东南半壁36%的土地供养了全国96%的人口；西北半壁64%的土地仅供养4%的人口，二者平均人口密度比为42.6:1。随着以后年月里人口普查工作继续进行所提供的相关数据显示，60余年间，中国作为世界第一人口大国，东南部人口的绝对数值已由4亿多增长为近13亿，但其占比较1935年只减少了2个百分点（数据口径均不包括台湾地区）。迄今为止，虽已历70年有余，但中国人口密度分布基本格局依然遵循“胡焕庸线”这一条说来神奇的中部主轴。伴随着人口密度分布在此线之两边的极度不均，“胡焕庸线”实际上还可揭示中国能源消耗密度和环境压力的极不均衡状态，并会引发与不考虑该线存在时所进行的分析之结论迥异的认识。换言之，据此线考量所得结论，会凸显中国基本国情引出的资源环境压力与挑战的严峻性，可称之为中国发展方面的“非常之局”。我们由此指出，中国存在“胡焕庸线”作用之下的“半壁压强型”的资源、能源耗用所引发的严峻的环境制约。

从人口密度维度来看，若不考虑“胡焕庸线”的存在，基于世界银行《世界发展指标》发布的2012年数据，中国人口平均密度是141人/平方公里，较美国人口的平均密度32人/平方公里，是在其4倍之上；若考虑“胡焕庸线”两边的不同情况，线东南部所占人口比重为94.2%而所占面积比重为 42.9%，为统一口径以方便进行对比，按［135069（万）×0.942］/［960（万）×0.429］进行换算，可得到线东南部的人口密度约为 309 人/平方公里，与美国人口密度相比，要高出接近 10 倍。

从汽车空间密度来看，2010 年全球汽车平均保有量为 1∶6.75（即平均每 6.75 人拥有一辆汽车），美国汽车平均保有量为 1∶1.3，而中国的汽车平均保有量为 1∶17.2。而实际上，中国汽车数量的分布大都集中在东南半壁，若将这一总量按 94.2% 的人口占比还原至这一面积占比为 42.9% 的国土上，中美汽车平均空间密度比约为 2.4∶1.71（7800 万辆×0.942/0.429），即中国在如此低的汽车人均保有量前提下，东南半壁已达到与美国汽车空间密度近乎相当的水平。

从能源消耗空间密度来看，若以煤炭消耗的数据作为比较的依托，美国煤炭消耗总量为 8.56 亿吨，中国煤炭消耗总量为 34.5 亿吨，从总量上来看，中国煤炭消耗总量是美国的 4 倍有余。然而，由于中国煤炭的消耗主要集中于线东南部，若将此消耗总量还原至这 42.9% 的国土上，便会得出中国煤炭消耗总量的空间密度（可称为国土面积上由人均消耗量合成的此单位面积上的消耗压强）在东南半壁实际已达到美国的 10 倍有余。此外，从中科院得出的占比 43.18% 的国土面积上集中了 95.70% 的 GDP 这一结论进行倒推，也可看出中国平均数据掩盖了线东南部与线西北部之间发展状态的巨大反差。这种掩盖导致中国国情之中许多突出尖锐的问题由于"平均数"处理而得以美化、淡化，许多切实存在的尖锐问题平摊到全部国土面积上，而几近钝化于无形。

在"胡焕庸线"这一思考线索的启发下，不难得到中国资源环境问题的真实压力（压强值）较普通指标反映的程度远为严峻的基本结论。而与此同时，我们还需要将另一个重要现实叠加在此项认识之上，即中国近几十年来施行的以改革开放中进入经济起飞状态为主要标志的"压缩型—密集式"发展阶段带有粗放特征的外延型高速增长，使又一层资源、环境压力也高密度地叠加于"半壁压强型"国情带来的能源、环境问题之上，势必使资源压力、能源消耗、环境污染等问题的严重程度随之升级。人口密度、汽车空间密度、能源消耗空间密度，再加上"压缩饼干式"和粗放式外延型发展阶段中超常规的高峰期密度提升系数，势必引发高压力区和高压力阶段上叠加而成的矛盾凸显。

按照《中国发展报告2005》[①] 中采用的统计口径（单位：千克油当量/美元），美国1980年、1990年、2001年的单位

① 中华人民共和国国家统计局. 2005中国发展报告［M］. 北京：中国统计出版社，2005.

GDP 能耗分别为 0.47、0.23、0.15，日本的数据分别为 0.22、0.10、0.08，中国的数据则为 1.04、1.24、0.49。1980～1990 年，中国的经济处于起飞阶段，但增长方式多以资源—投资密集式增长为主，单位 GDP 能耗呈现攀升趋势，随着深化改革扩大开放、确立社会主义市场经济体制、转变增长方式等一系列重大变革，中国经济转轨中单位 GDP 能耗逐步降低，具体而言，2004～2013 年十年间，中国单位 GDP 能耗（单位：吨标准煤/亿元）依次为：1.335、1.276、1.196、1.055、0.928、0.900、0.809、0.736、0.696、0.695，呈现出明显的逐步下降的趋势，在很大程度上反映了中国经济随工业化、城镇化程度的加深而发生的结构上的转变。然而，我们又不得不认识到，虽然单位 GDP 能耗的绝对数值在不断降低，但是该数值与国际水平相比仍然很高。应清醒地认识到：进入新千年，中国已明显降低后的水平值，才刚刚达到美国 1980 年的水平值，且是美国同期水平的 3 倍有余，是日本同期水平的 6 倍有余。

此外，中国的钢材、水泥消耗总量均在全球前三位之中，且生产中单位 GDP 能耗均高于发达国家数倍之上。目前中国电力、钢铁、有色、石化、建材、化工、轻工和纺织等 8 个行业主要产品单位能耗平均比国际先进水平高 40%；钢、水泥和纸板的单位产品综合能耗比国际先进水平分别高 21%、

45%和12%。[①] 对于国土面积与美国相当、能源资源比美国匮乏的中国而言，30多年黄金发展期在压缩型—密集式增长基础上叠加的多方压力与负面效应，主要集中作用于仅占国土面积42.9%的东南部区域之上，并通过“外溢性”方式以空气污染等影响更大范围（如“雾霾”已频繁出现，动辄打击大半个中国及周边区域），落到可持续发展的层面势必形成极大压力，亟须正确认识、寻求出路。

中国基础能源种类主要包括：煤炭、焦炭、原油、汽油、柴油、煤油、燃料油、液化石油气、天然气、电力等等。然而，从多方数据分析中不难发现，尽管种类繁多，但是中国基础能源仍然突出地呈现出“以煤为主”的特征，这也成为中国“半壁压强型”发展制约中不利于环保的第三层叠加因素。在中国基本国情下，本土资源储量、可用量决定的“资源禀赋结构”中最主要的能源产品是煤，以及“从煤到电”的具有“经济命脉”性质的能源供应链。对此格局，若企图改变，如再提高原油进口比例，已基本上无可操作空间；大力发展本土非煤的可再生能源，属“远水不解近渴”之安排，见效要经过较长期渐进过程；以新一轮价税财联动改革改变

① 温桂芳，张群群．能源资源性产品价格改革战略［J］．经济研究参考，2014（4）．

“煤炭成本偏低”比价关系和价格形成机制，将会有助于使改变“以煤为主”的进程得到一定加快，但总体而言，在可预见的一个相当长的时间段内，中国的基础能源供应“以煤为主”，仍将是难以改变的基本现实，而众所周知，煤的开发、使用全过程对于环境、生态和社会的压力是显然大于、高于原油和天然气等品类的，更不用说风电、太阳能电等可再生能源。且不提煤炭采掘中的安全事故问题，仅从采掘后的地层塌陷、环境修复问题，运煤过程的撒漏与相关粉尘问题，特别是烧煤（包括火电、炼焦等）废气排放所带来的大气污染、雾霾肆虐问题，都尤为棘手。这一特点，在前已分析的“半壁压强”格局、“密集式—压缩式”发展阶段的两重叠加之上，又客观地叠加了第三重环境压力，共同构成了中国能源、环境问题的特殊严峻性。

在对基于“半壁压强型”格局的“三重叠加”发展制约形成清醒认识的前提下，优化中国能源、环境战略策略所必须把握的特殊针对性，及其对于“供给管理”的天然联系和特定要求，也就呼之欲出。中国经济学人在世界金融危机冲击之后的学术理论反思之中，已涌现了侧重供给侧研究的研究群体和一批聚焦“供给管理”的成果①，亦对于我们下面

① 贾康，主编．新供给：经济学理论的中国创新［M］．北京：中国经济出版社，2013.

的分析认识提供了很有价值的铺垫和启示。

前述的“三重叠加”都关联特定国情之上的结构问题。在这类结构问题必然紧密关联供给问题的基础上，中国目前还存在着缺乏能源开发顶层规划、由于投资总量过度和结构不良导致的产能过剩及很大程度上由于粗放、低效造成的能源浪费，以及缓解这些问题迫切需要的制度供给明显不足等问题。

突出问题一：能源开发利用缺乏顶层设计通盘规划。以“电”为例，全国范围内社会生产生活所需的电力资源涉及火电、水电、核风、风电、太阳能电等。前已述及，在可预见的将来，中国还不得不以烧煤发出的火电为最主要的电力能源供给方式。相关的战略层面的顶层规划需要包括：(1)火电与水电、核电、风电、太阳能电等在中长期如何协调配合地发展；(2)各类电力供给特定领域内的行业发展如何规划；(3)最为主力的火电发展中的重大关系如何处理：怎样考虑坑口电厂、非坑口电厂的布局和运煤路网、输电网的布局？——因为中国铁路运输中一般情况下约有50%的运力是在运煤，国家统计局发布的2012年国家铁路主要货物运输结构数据显示，国家铁路全年主要货物运输量为322345.58万吨，而其中煤货运量就达到168515.29万吨，占比约达到52.3%，运送的煤大部分是运去发电——在发电高峰季节，运力中用于运煤的占比可升高至70%。未来如多建坑口电厂，会减少铁路运输方面的压力，节省一部分相关的投资，但会增加输电网络的投资需要。到底如何筹划布局，涉及大量复杂的专门研究和全局视野下的高水平综合规划设计。这些结构处理问题的有效解决方案，是地方政府和企业集团以“试错法”提供不出来的，只能依靠中央政府组织高水平的专家群体来协力提供。在未能形成通盘解决方案之前，如何以财政资金支持相关的开发建设，也是无法形成扎实可靠的决策依据的，因为我们无法看出某个电力产能建设项目或电力供应配套项目，作为“棋子”在棋盘全局中的地位、作用及其与其他棋子的相互关系，那么如何才能合理掌握先后顺序、轻重缓急、资金投入力度，等等？在缺乏顶层设计通盘规划的情况下，未来发展中中国能源结构性的矛盾问题势必更加严峻。

突出问题二：产能过剩造成能源浪费后面的体制性原因。产能过剩的实质是投资过度，中国产能过剩在相当大程度上是政府以投资拉动经济增长中过度干预市场和经济运行的必然产物，主要属于“体制性产能过剩”，即中国现阶段产能过剩主要是由于政府在GDP、税收、就业等导向下，通过运用手中的经济权力和政治权力，强力干预市场、大幅度拉低各项要素价格，对企业投资、生产经营活动产生强烈的不当刺激所致。投资过度、结构不良造成的产能过剩，势必造成能源的浪费，为本就严峻的能源问题和环境问题雪上加霜。

突出问题三：雾霾等环境威胁愈演愈烈，治理所需的制度供给问题最值得重视。雾霾是以 PM2.5 为主要构成因素的大气污染状态，中国 2013 年遭受雾霾之苦的省市已达 30 个，京津冀地区尤其严重，年内仅有少数时间不是雾霾天气，“民怨沸腾”而管理部门高度焦虑，实已形成了环境危机局面。尽管目前对雾霾的成因尚无清晰细致分析，但与工业化、城镇化推进中能源消耗的“煤炭依赖”，以及汽车尾气排放，显然存在直接关联。可以洛杉矶雾霾和伦敦雾霾为鉴：美国洛杉矶于 1943 年第一次遭受雾霾的袭击，并于接下来的 50 年持续处于一边忍受雾霾、一边坚持治理的状态中，据当时加州理工学院的荷兰科学家分析空气成分得到的结论，洛杉矶雾霾的罪魁祸首是汽车尾气中的二氧化氮和碳氢化合物；英国伦敦于 1952 年开始连续数日遭受大雾侵害，治理雾霾的工作也与洛杉矶类似，持续了几十年之久，而伦敦雾霾的罪魁祸首主要源自燃煤采暖及以煤为主的火力发电站中煤炭燃烧产生的二氧化硫、二氧化碳、一氧化碳及烟（粉）尘等污染物。据中国国家统计局数据显示，2012 年中国废气中主要污染物排放构成为：二氧化硫排放量约为 2118 万吨，氮氧化物排放量约为 2338 万吨，烟（粉）尘排放量约为 1236 万吨。

若把洛杉矶雾霾的成因和伦敦雾霾的成因对照到中国现状来看，雾霾不时笼罩中国也就并不奇怪了。

作为一个后发经济体，中国本来有借鉴他国经验、避免重走“先污染，后治理”老路的可能，但为什么却未能如愿，反而表现得甚至“有过之而无不及”？防治环境危机不力，后面的制度供给问题最值得重视。在国情、阶段特征等基本不可选择因素之外，可塑性高的制度机制因素方面现存的重大缺陷，对雾霾等环境问题的恶化难辞其咎，即中国目前环境问题的重大原因来自于机制性的资源粗放低效耗用问题，涉及煤、电、油，恶化空气、水、环境，形成不良传导链条。比如：在中国一般商品比价关系和价格形成机制基本实现市场化之后，国民经济中基础能源这一命脉层面“从煤到电”（又会传导到千千万万产品）的产业链上，却存在着严重的比价关系和价格形成机制的扭曲、非市场化状态和由此引出的“无处不打点”的乌烟瘴气的紊乱局面，并且以表面上的“煤价、电价低廉”助长着粗放式、挥霍式、与节能降耗背道而驰的增长状态和消费习惯，在现实的比价关系和利益相关性的感受之下，社会中的主体几乎谁也不真正把节电、节水当回事！在中国，节电、节水，实际就是节煤，就是抑制、减少雾霾。

中国基于胡焕庸线“半壁压强型”的三重叠加的资源、

能源、环境压力约束，与全世界其他人口规模都与中国不可同日而语的经济体（如版图与中国差不多大小的头号强国美国的三亿人口，不及中国人口规模的零头）相比较，是解决可持续发展问题的一个“非常之局”，必须有独到的“非常之策”才能破解。适应国情、优化结构、协调规划、制度建设等问题，都是有别于“需求管理”的“供给管理”问题。在世界金融危机发生前后，中国不论是存在较明显的流动性过剩和通胀压力，还是在其演变为流动性不足和通缩压力的情况下，针对某些领域的有效供给不足、投入滞后的结构性供需失衡，都十分需要运用政府理性的“守正出奇”供给管理作用，基于“问题导向”下的系统工程式的全局解决方案，聚焦于必须紧紧抓住不放的重要事项，来强化经济社会的薄弱方面和“短线”领域。节能降耗、生态保护、自主创新等，恰是无法通过需求端总量调节来达成目标的，亟须运用结构性对策通过“供给管理”加大某些要素投入的力度和促进相关机制创新改进，来加强经济社会中的薄弱环节，以改进总供需的平衡状态和提升经济发展的可持续性。资源开发和能源结构优化需要中央政府通盘规划中的顶层设计供给，消除产能过剩需要政府“深化改革”的相关制度供给，解决雾霾危机需要倒逼供电供暖“能源清洁化”与重化工业、汽车产业等低碳、绿色发展的技术供给和相关制度供给，实现创新升级。

中等收入陷阱真问题挑战

立足于承前启后的发展，中国还面临着“中等收入陷阱”真问题的挑战，这一方面需认识到因早有大国成功的先例而大多数成功者的经验并不能简单复制，另一方面认识要努力避免拉美地区民粹主义基础上的福利赶超对经济赶超发展的危害。此外，中国还面临不可忽略的时代元素与不可回避的基本国情，产业革命加速更迭带来的“紧迫压力”、全球经济发展格局的钳制、能源资源与生态环境的制约、人口基数与教育结构的挑战、文化与意识形态的影响以及制度变革探索的成败等方面，都是中国谨防落入“中等收入陷阱”的经济赶超过程中所必须面对的严峻挑战和现实问题。

每一次产业革命后，世界经济格局都会产生重要变化。爆发于18世纪中叶的第一次产业革命（即工业革命）直至19世纪中期结束，以纺织业为起点，因机械化大生产而带动的相关产业链条上冶金工业、煤炭工业、运输业（主要是铁路和海运）和制造业的发展，使英国一跃成为“世界工厂”。而后19世纪六七十年代，以美国为中心，全球爆发第二次产业革命（即电气革命），围绕重化工业这一核心，房地产、汽车制造、钢铁工业、化学工业和电力等产业得以迅速发展，至 20 世纪初，美国进入经济发展的“黄金时代”，乘势而上，进一步主导了 20 世纪 50 年代之后的第三次产业革命（即信息技术革命），以最前沿的原子能技术和电子计算机技术，稳固成就全球经济霸主地位。在此过程中，德国、日本、法国等国家也纷纷崛起，技术水平的提高不断提升全要素生产率，从而帮助这些经济体实现了经济长期增长。

我们作为发展中国家，更应基于产业革命是某一经济体经济腾飞重大契机的视角来理智看待“后发优势”。若从经济赶超的视角看来，产业革命更迭的时间区间也恰是后来赶超者可实现超越的时间区间，若在上一次产业革命阶段没能由技术后发优势而实现崛起，被动进入下一次产业革命阶段后，势必要发起和实现新一轮赶超，才有可能达到崛起目标。然而，从三次产业革命兴起的时间上来看，我们不难发现其更迭在不断加速，从工业革命爆发到电气革命爆发，期间经历了约 120 年，而从电气革命爆发到信息技术革命爆发，期间仅经历了约 80 年。以我们目前所处的信息技术时代发展态势来看，人工智能等新技术革命的到来已隐约可见，产业革命的加速更迭使后进赶超者的发展时间更加紧迫，这种压力是中国经济发展直面“中等收入陷阱”所面临的第一个现实问题，越紧迫则越容易追赶不上，越容易落入中等收入陷阱。

与此同时，另一个特别值得注意的问题，就是在充分发挥后发优势、贯彻经济赶超过程中，中国还必须将新技术方面基于创新的战略储备提上日程。一方面，就国外现状来看，美国、日本等位于全球技术高地的国家，其已经全面实现产业化、凝结在全面推向市场的产品中的核心技术，虽然已经是全球范围内的领先水平甚至是最高水平，但往往并非代表这些国家技术的真实水平。以日本的汽车制造技术和液晶电视制造技术为例，其产业技术水平已经领先目前市场出售产品核心技术的两代、三代，而出于继续攫取高额利润等考虑，这些高端核心技术目前仅处于蓄势待发的状态，实际上形成一种强有力的技术战略储备。这意味着，对于后发国家而言，赶超的实现可能并非仅仅是追平目前技术水平，而是至少要追平技术战略储备水平。另一方面，就中国自身情况来看，作为一个科技爆发时代的发展中国家，不同领域的科技研发水平是参差不齐的，客观而论，中国毕竟已有一些技术在全球范围内实现领先水平，甚至有的已是最高水平，但由于中国配套技术相对落后，这些技术在应用中往往并不广泛和充分。然而，结合成功跨越中等收入陷阱经济体的经验，我们应当特别注重在这类技术成果方面充分“扬长”，对于达到领先水平的技术，无论是否能够迅速“接地气”，都要首先纳入技术战略储备梯队，积累、结合于利用“后发优势”赶超发达经济体主流技术的升级过程中。

比较而言，先行发达者一般具有更易得、更开阔的发展空间，以19世纪的英国为例，在开创性地实现机械化大生产之后，英国作为当时最大的工业制品供给国和原棉进口国，一方面能够享受全球各地源源不断供给而来的优质原材料，另一方面能够享受向全球各地源源不断地出口工业制成品的比较优势，取而代之的美国也是如此。占尽先机的先行发达者往往也是全球经济发展格局的主导者，他们更能够按照自己的意愿发展经济。而对于后发追赶者来说，经济发展的环境往往更为险峻，先进经济体和“霸主”在贸易摩擦中的打压，以及需要按照先行发达者制定的“游戏规则”来发展，使后发赶超者的发展势必于全球经济发展格局中承受先行者的压力和排挤。中国目前的经济总量尽管在绝对数量上无法与美国相较，但在排序上已然跃至“世界老二”位置，作为一个正处于中等收入发展阶段的“世界第二”，全球经济发展格局的钳制已今非昔比，种种摩擦、制约因素接踵而至。随着国际竞争进入新阶段，除“老大”压制外，“老三”以下者有更多的怨怼因素和麻烦制造行为，原来的“穷兄弟”们也容易离心离德。倘若这一阶段的特定情境处理不好，中国极易在多面夹击下落入中等收入陷阱。

经济学所强调的资源稀缺性与生态环境的制约在中等收入发展阶段更具有特殊意味。以成功跨越中等收入陷阱、步入高收入国家的日本为例，在经济赶超的过程中出现由曾引以为豪的重化工业转向加工组装型产业，主要原因就是不得不面对“石油危机”所带来的严重资源制约。从中国基本国情出发，在资源、能源方面由于“胡焕庸线”所表达的基本国情之“半壁压强型”，和资源禀赋客观形成的以对环境压力最大的煤为绝对主力的格局，和前面30多年外延为主的粗放发展阶段，合成了资源、环境压力异乎寻常的“三重叠加”。作为国土面积世界第三、人口世界第一、经济总量世界第二的超级大国，全国经济发展布局沿“胡焕庸线”这一中部主轴呈现突出的空间发展不均衡，所形成的能源消耗、环境压力的“半壁压强型”这一基本国情，对中国在“十三五”规划及中长期经济社会发展中引发的负面因素决不容忽视：若不能经过以重化工业为主要支撑的压缩型—密集式外延、粗放发展模式而较快进入集约式增长的“升级版”，能源资源和生态环境制约势必成为中国经济发展的桎梏，从而导致经济发展停滞；若积极转变发展模式，则势必要经历十分艰难痛苦的转型期，并且要以技术超越和制度变革的成功为基础：一方面在资本投入边际效益递减的同时通过技术水平、制度供给有效性的提高保障全要素生产率的提高，从而对冲下行因素、缓解制约，在较长时期内实现经济较快速增长；另一方面在通过制度变革激发管理创新的同时，降低劳动力之外的经济运行成本，提高经济综合效率，从而更优地实现资本积累而保障长期发展。在基本的发展战略思路上，面对能源资源和生态环境“半壁压强型”之上“三重叠加”的制约这一基本国情，我们不得不更为侧重较复杂的供给管理，以非常之策求破非常之局。只有处理得当，中国经济才有望实现长足进步和发展，一旦处理不好而“碰壁”（既可能是碰到能源资源导致的发展硬约束，又可能是碰到生态环境导致的发展硬约束，也可能是碰到转型不成功导致的发展硬约束），就极有可能落入中等收入陷阱。在“十三五”规划及未来的发展规划中，供给管理思路亟有必要得到最充分的重视。

除了资源环境这一基本国情之外，中国在“十三五”规划及中长期所必须面对的另外一个很现实的基本国情，就是人口众多和老龄化已成“未富先老”之势。人口方面，总结来看大体有如下几点突出问题：首先，中国人口总量世界第一，以人均指标为标准而划分不同经济发展阶段这一标准来看，中国步入高收入阶段注定是“路漫漫而修远”。按照世界银行2013年发布的数据，中国人均GDP仅为6807美元，距离全球人均GDP平均水平10613美元相差3806美元，距离高收入国家人均GDP水平12616美元相差5809美元，距离美国人均GDP水平53042美元相差46235美元，而从总量上来看，位居世界第二的中国GDP已达到9240270百万美元，这意味着：若想让中国人均 GDP 达到全球 GDP 平均水平，中国的 GDP 总量需要达到 14188070 百万美元，仅距离美国 16800000 百万美元相差无几；若想让中国人均 GDP 达到高收入国家水平，中国的 GDP 总量需要达到 16791970 百万美元，即追平美国 GDP 总量；而若想让中国人均 GDP 达到美国目前人均 GDP 水平，中国的 GDP 总量则需要达到 69345770 百万美元，即远远高于美国 GDP 总量许多倍。人均指标如迟迟不能达到高收入标准，中国经济就会停留在中等收入发展阶段即落于陷阱之内。其次，中国人口结构已呈现明显的老龄化。有学者测算，人口老龄化对于中国整个养老体系形成公共支出压力的高峰，约出现于 2030～2033 年间，从现在算起，已不到 20 年的时间。在高峰期出现以后，这种压力的缓慢下降还要有几十年的过程。要看到在这个很长的历史阶段之内，中国养老体系从硬件到服务所有的投入必然发生一系列的压力性质的要求，势必会对经济发展带来很大负担与拖累。再次，由于教育结构不合理而导致的劳动力供给结构问题，也是我们直面“中等收入陷阱”所必须考虑的不利因素。从成功跨越中等收入陷阱的经济体经验来看，以色列和日本都是整个亚洲平均受教育年限最高的国家。以色列颇有针对性、优质的高等教育为其科技进步奠定了良好的劳动力基础，且是全球工业国家里平均学历程度排位第三的国家，仅次于美国和荷兰。而日本除了教育的普及和具有较高水平的高等教育以外，还特别重视社会教育的作用，且在其企业制度中特别重视人才培育，一直不断促进并保持着高水平的科技研发能力。总体而言，中国目前教育模式培养出的劳动力与经济发展所需人力资本现实需求还存在着较明显的错配，被动摩擦已在影响就业水平和消费水平，处理不当就会严重制约中国未来经济社会发展。

中国的深厚文化积淀如何转为国际竞争中的优势因素，一直是困扰中国人的难题，实际生活中，不少中式文化的消极因素，至今无形中制约着中国的创新力，人们往往不敢为天下先，不善于思辨和冒险创造，社会弥漫“官本位”的思想意识，善于遵循较为森严的等级制度而不敢、不能发表真知灼见，这些文化与传统意识特征，形成“软实力”的不足、感召力的欠缺，实际上制约着全球信息科技革命日新月异变化中中国经济社会的发展。将文化积淀与意识、信仰转变为有利于经济发展的积极因子而非制约因子，中国大众创业、万众创新等政策才可能得到有效落实和发挥作用，“综合国力”中“硬实力”的上升才可能与“软实力”的打造相伴而行，使中国的现代化之梦不至于落空。这更是一种深刻的、综合性的挑战。

制度学派和新制度经济学早已告诉我们“制度”因素在

微观经济中的不可或缺，而实际上，在经济发展的宏观视角下，制度供给更是最为重要的因素之一。以 18 世纪的英国为例，于 1776 年发明蒸汽机的瓦特在 19 岁那年就可以离乡从苏格兰的格里诺克到伦敦寻求仪器制造匠的培训，两年后进入格拉斯哥大学，成为一名数学仪器制造师，最终成就了蒸汽机的发明、引发了第一次产业革命的到来。这类案例表明，技术的发明和创造总体上决非一个个“黑天鹅”事件，而是与专业化基础和经济组织下的制度结构密切相关，换言之，在英国经济当时的专业化水平与经济组织所构造形成的经济制度运行结构和要素流动机制之下，引领世界技术潮流是迟早的必然事件，制度是造就人才、推动新技术产生的核心要素，可说是创新的最主要动力机制。在经济赶超阶段，制度更是经济运行有效与否的关键。从日本的“昭和遣唐使”政策到西方世界的“新公共管理运动”，实际上都体现了制度变迁对经济发展的重要作用。以成功跨越中等收入陷阱的日本为例，除了技术模仿之外，日本还特别注重法治化市场经济基本制度安排，进而以成本管理、经营计划调查、职务分析等制度的学习，不断提升企业管理和经济运行的现代化程度，从而有效降低运行成本和推动、激励技术模仿过程中的技术创新，从而大大提升了生产能力，成为经济发展的长足动力。其中，十分典型的是以生产工艺为对象的统计性品质管理，结合日本企业的特点，扩展为全公司范围的综合性全面质量管理（TQC，Total Quality Control），即促使公司内所有的劳动者为提高产品质量致力于发现问题和改良工作，而这些实实在在地促使从海外引入的技术在日本得以较充分发展，推动了技术从模仿到超越的实现。

“十三五”规划时期正是中国“全面深化改革”的攻坚克难时期，在以实现“全面小康”为奋斗目标的同时，实行“全面依法治国”和“全面从严治党”，必须在供给方面考虑不同的要素塑造新的动力，形成可支撑“升级版”的混合动力体系。在整个人类社会经济生活中，原生动力当然是需求，人们必须满足自己的生存以及发展和享受的需要——但是，回应这个需求原生动力的后面的供给，却决定了我们不同时代的特征和不同阶段上，有没有可能通过创新一个一个地迈上发展的台阶。供给方面大致有五项要素：劳动力、土地代表的自然资源、资本、创新力量、制度机制安排。前面三项在经济体进入中等收入阶段之前，动力作用是非常明显的，进了中等收入阶段以后，更多需要强调的则是后面两项，即科技创新和制度创新。中国现在一定要抓住不放的，首先是转轨中的制度的供给。立足于“十三五”规划时期，放眼中长期经济社会发展，在党的十八大和党的十八届三中全会、四中全会之后关系到国家前途、民族命运的关键阶段上，能否冲破利益固化的樊篱，克服既得利益的强大阻力和障碍，把“硬骨头”啃下来从而在制度变革的探索中获得解放生产力，进入新常态，打造升级版的成功，直接决定着中国经济社会是否能够相对顺利地跨越中等收入陷阱、跻身发达经济体之林。

“部分先富”如何走向“共同富裕”

党的十八届五中全会通过的《关于制定国民经济和社会发展第十三个五年规划的建议》，系统化地表述了发展新理念，对走向“全面小康”决胜阶段的“十三五”规划时期全局工作给予指导。在强调创新是引领发展的第一动力、协调是持续健康发展的内在要求、绿色是永续发展的必要条件、开放是繁荣发展的必由之路的同时，还强调了“共享是中国特色社会主义的本质要求”，要求“发展成果由人民共享”“朝着共同富裕方向稳步前进”。

为贯彻这一重要的指导性发展理念及其思路，在“问题导向”下深化认识而有针对性地“对症下药”化解我国实际生活中妨害共享发展的收入分配领域的问题，已显得极为必要和十分迫切。中央关于“十三五”规划的“建议”中明确要求：“调整国民收入分配格局，规范初次分配，加大再分配调节力度”，“缩小收入差距”。要让这些作为“十三五”规划时期的工作与改革任务落在实处，首先应当深刻认识和正确把握我国居民收入分配的“真问题”之所在，并澄清邓小平“由部分先富到共同富裕”的重要思路，以为正确做出政策设计的前提和基础。

中国社会已进入“中等收入阶段”，随之而来的矛盾凸显方面，居民收入分配存在的问题早已成为社会关注的一大热点，众说纷纭。总体而言都感觉有不满，但具体的问题是什么？认识并不够清楚。面对收入分配格局和矛盾凸显里面种种不尽如人意之处，有两个相当流行的、都可以称为主流的、社会认可度都很高的观点：一个是认为中国这些年来国民收入分配格局中政府、企业得到的收入部分明显偏高了，换句话说，居民所得份额是偏低的。这种主流认识多年来多次被人们强调，具体的数据也有计算，比如说居民收入份额 10 余年间下降了约 10 个百分点，消费率很低。当然，这样一个认识又和社会生活里面、矛盾凸显中社会成员进入中等收入阶段后的不满联系在一起。对分配格局认为有严重的问题，很多人就提出扩大内需的同时要努力地增加居民收入占比，使消费成为以后主要的动力源，或者说在以后要从投资推动转到消费为主推动的新状态上去——而这个基本量化认识的依据是不是有值得商榷之处，在讨论中几乎看不到。

另外还有一个认识，就是有学者做了自己的分析论证和几轮测算之后提出，中国收入分配里面存在灰色、黑色收入为数巨大的特征，这些灰色、黑色收入被社会上的一部分成员拿到了手里——虽然统计上官方是不提供数据的。根据学者最新一轮测算结果认为，我国现在整个 GDP 里边，实际上有 6 万多亿元的部分是居民灰色、黑色收入，官方统计没有表现出来，但这些收入当然都要归入社会上的一部分居民群体。换一句话说，按照这个社会上影响巨大，也是在学界和很多社会成员中得到共识、带有主流特征的看法，可引出一个判断：中国总体上说在认可这约 6 万亿元的居民隐性收入之后，前面所说的那个同样是主流的认识便不成立。因为中国近年的 GDP 就是 60 万亿元上下，如果其中有十个点以上部分实际上是未统计的个人所得，那么前面所指责的居民收入份额偏低，按照后面的观点，一下就变成很正常了：在人们认可的偏低份额上再加上 10 个点，变成了至少 50% 以上。所以要问，前面这两个都带有主流特征的、广泛被人们认同的认识，到底哪个对？现在还没有看到任何一个学者在这方面正式做出回应。虽然我们许难以迅速在这方面取得共识，但是非常值得思考。两个相互矛盾、如同冰炭难容一器的认识，却在社会上同时得到了广泛的认同，这很值得我们来进一步观察探讨。

那么，真正的问题在哪里？虽然现在并没有一个研究者可以很确切无疑地把前面所提到的收入格局的量值说清楚：到底中国政府、企业、居民三者收入份额和真实的投资率、消费率是怎样的数量值（这样的研究工作当然很有价值，但即使得出相关结论，可能还会争论不休），但我们认为仍需提出：对中国收入分配在有所观察之后应提炼出的真问题在哪里？我们应当更深入地切入中国收入分配中的居民收入内部结构问题就是在看通盘收入分配的情况之下，在政府、企业、居民这三者比重和投资、消费这两大块的考虑之外，需要进一步地探讨，是不是我们居民内部收入分配的差距过大、规则紊乱、不公正的问题在严重地影响着中国的现代化提升过程？这才是问题的关键，或者说是我们思考者、研究者应该更加注重抓住的真问题所在。

收入差距大，已有关于基尼系数的统计测算结果证明（官方给出的数据是2009年为0.49，近年稍降为0.473，仍属明显偏高状态），更为关键的是这种差距扩大在与财产配置如影随形互动的同时，在不小程度上包含种种不公正的机制、不合理的规则、不到位的制度问题。因此，有效推进制度性的反腐倡廉和着力实施再分配制度机制建设（如逐步提高直接税比重，合理构建收入分配规则与秩序），就成为我们建设现代国家所必须经受的历史性考验。

在当下中国，许多讨论很自然地聚焦于收入分配优化路径。令人遗憾的是，关于邓小平“允许一部分人、一部分地区先富起来，然后实现共同富裕”的思路，有一些议论表现出明显的误解，网上、微博上尤甚。

客观地了解、分析邓小平的这一思路，需要如实地摆明如下认识框架和进一步廓清其中关键性的逻辑要点。

第一，在总体思路框架中，邓小平追求的战略目标，是确切无疑与“三步走”实现“伟大民族复兴”一体化的“共同富裕”。“允许一部分人、一部分地区先富起来”，只是整个发展中前半段所“允许”的过程现象。邓小平对“共富”的追求及其认定，是始终如一、坚定不移的，而且把这一点提到了最高的位置：这属于他说过多次要搞清的“社会主义的本质”。他在不同场合反复表示过这种意见：如果我们的改革与发展不能最终走向共同富裕，那就失败了；中国如果出现了严重的两极分化，会发生“要闹革命的问题”。“什么是社会主义，如何发展建设社会主义”这一“邓小平理论”所处理的核心问题，对应着的其实就是以允许“部分先富”而必须走向“共同富裕”的“先富共富”战略框架。

第二，在实现战略性目标的路径上和演变过程特征方面，邓小平清楚地意识到，“贫穷不是社会主义”，但为摆脱贫穷，不可能在有十几亿人口、区域差异悬殊的世界上最大规模的二元经济体——中国，齐头并进地一起脱贫而同时走向富裕。

作为务实、高明的改革战略家，他牢牢地抓住发展这个硬道理，并说明在发展中必须允许一部分人、一部分地区先富起来。这十分鲜明地体现了“拨乱反正”后的“实事求是”，也完全符合经济学分析认识中所形成的“倒U曲线”（亦称“库兹涅茨曲线”）的学理分析。这是邓小平在复杂情况下做出关键要领上正确决策的具体表现之一。试想若无这一简洁、明确的指导意见，20世纪80年代后的发展局面中将会增加多少怀疑、动摇、阻碍因素？

第三，在由“先富”而走向“共富”的政府作为和时段把握方面，邓小平生前有十分明确的认识与意见。他的看法实际是：“先富共富”的倒U曲线我们并不能坐待它自然而然形成，领导决策和政府能动作用的发挥至关重要。在历史性的“南方谈话”之中，邓小平十分鲜明地强调：先富裕起来的沿海地区，必须回过头去支持欠发达的中西部地区，这事关大局。而且他还十分具体地把这一个大动作的时点，摆到世纪之交的2000年前后（后来，恰是在这一时点到来前，1999年夏，党中央召开专门会议确立“西部大开发”战略，成为其后一系列区域发展战略和政策倾斜支持的先声）。在深圳时，他表示赞成该市每年按固定比例从财政划出一部分资金作为贫困地区开发“造血”型项目基金的做法。现今公开出版物上可查得的邓小平有生之年最后一次对国家大事谈长篇意见，是《邓小平年谱》中记载的1993年9月16日他与弟弟邓垦的谈话。其中他特别强调："十二亿人口怎样实现富裕，富裕起来以后财富怎样分配，这都是大问题。我们讲要防止两极分化，实际上两极分化自然出现。要利用各种手段、各种方法、各种方案来解决这些问题。……少部分人获得那么多财富，大多数人没有，这样发展下去总有一天会出问题"。他态度再鲜明不过地说："这个问题要解决"！

本来如此清晰，怎么会伴有现时相当热闹的那些误解乱象？不能不说，这恐怕与我国进入"中等收入社会"后收入分配矛盾的凸显和社会心态的变化、网络时代和"精神快餐"时代人们诉求表达的情绪化特点等等，都有关系。然而观看现实，虽然有种种不如人意之处和不容忽视的矛盾纠结，但请注意：我国这些年来作为重大事项着力推进的社会保障体系建设、公共财政对低收入阶层和对社会弱势群体的扶助（如三令五申、反复强调"立军令状"完成的3600万套棚户区改造与保障房建设）、中央和省对欠发达地区的转移支付，新近极其明朗化的贯彻党的十八届三中全会《决定》中逐步提高我国直接税（如房地产税）比重的要求等等，这都是在做邓小平所给予了最高度重视的"促进共富""解决问题"的事情。2015年末，党的十八届五中全会更是高举"走向共同富裕"的旗帜而设计提出了一系列共享发展、优化收入分配的任务和目标，包括增加公共服务供给并创新提供方式，实施脱贫攻坚工程精准扶贫，提高教育质量普及高中，促进就业创业，缩小收入分配秩序，完善社会保障体系，推进健康中国建设和全面放开二孩完善人口发展战略等等。当然，后面更多的攻坚克难的问题，正在等待我们“冲破利益固化的樊篱”，去实干兴邦、实干共富。

7. “新供给”的对策建议系列

基于相关理论研究及其经济实践应用，新供给经济学将基本政策主张定位为：中国未来的发展思路和宏观政策取向，核心是深入贯彻“发展是硬道理”的战略方针并升华为“科学发展是硬道理”层面，锁定从“现代国家治理”到“现代市场体系”“现代财税制度”和“现代政治文明——以法治、民主走向共和”的全套逻辑链接，通过改革开放不断解放和发展生产力来提升农业、工业、基础设施和服务业、文化产业、生态环境产业等的供给能力，通过发展实体经济、促进就业、改善生态达致建设“幸福中国”“美丽中国”“和谐中国”发展目标，最终实现以中华民族伟大复兴为标志的“中国梦”，并为全球经济发展做出应有贡献，使人类的共同家园“地球村”成为“和谐世界”。我们已有的一种框架性分析认识是强调：仅靠推进“比较优势”战略尚不足以支撑实现“中国梦”的宏伟目标，作为中国之必然选择的“三步走”

赶超战略，需要更为全面、丰富、科学的理论和政策设计支撑决策①。

新供给经济学对中国现阶段的具体经济政策主张，可概述为：建议着重从供给侧入手推进中国经济实现“双创、双化、双减、双扩、双转、双进、双到位、双配套”；而对备受各方关注的“通胀、通缩问题”，则不宜简单直接套用主流经济学教科书及“华盛顿共识”或主要从需求端入手加以调控的模式，而应当确立“物价上涨”并不简单等同于“通胀”的基本理念，并积极构建与中国经济发展阶段、发展水平及市场供求结构相适应的物价调控模型和机制。

八“双”

——双创：创新创业

第一，走创新型国家之路。面对新一轮生产力革命（“第三次产业革命”）的挑战，中国为实现可持续发展和国际竞争中“和平发展”的向好，必须走创新型国家之路。从 1840 年起，中国从农业经济转向工业经济的阶段，时间之长，代价之大，是谁都没有想到的。农业技术的高水平，并不是工业

---

① 贾康，刘军民．政策性金融与中国的现代化赶超战略——兼与林毅夫教授商榷［J］．财政研究，2010（1）．

革命发生的充分条件，中国在18世纪、19世纪相对欧洲具有高水平的农业技术，却错过了工业革命机遇，就是明证。现时“中国制造”的成功并不能保证“中国创造”式新经济的出现。从长期来看，中国经济需要在高端“买不来的技术”领域靠原始、自主创新艰难前行，在中高端依靠全面开放和“拿来主义”再创新与“集成创新”“引进、消化吸收”结合好最终建成“创新型国家”，才能完成从工业经济向与“第三次产业革命”接轨的“中国新经济”的艰难转轨。可以预计，信息产业、新能源产业、高铁式重大装备制造业、生物产业和纳米产业等战略性新兴产业，可能成为中国经济的新引擎。在此过程中，科技创新客观需要以制度创新和运行机制的改造作为关键性的支撑，从这种中国特色转轨道路上的创新特色而言，我们可以强调地说：“制度高于技术”。

必须深化科技体制改革，完善支持自主创新和成果转化的政策体系，引导各类创新主体加大研发投入，调动社会各方面参与和推动自主创新的积极性。完善以企业为主体、市场为导向、产学研结合的技术创新体系。加强创新型人才队伍建设，重视培养引进高科技领军人才。培育创新文化，保护创新热情，宽容创新挫折，形成有利于创新的全社会氛围。为支持从发展基础科研、实施国家科技重大项目到促进科技成果产业化各个方面的自主创新，必须在实行科技体制和管理体系改革、提升绩效的同时，下决心调动、引导相关各方增加科技投入，而当前这方面的资金需求尚未得到很好满足，仍然是处于资金制约之下的科技投入相对不足状态。近年中国财政对研发的投入已有明显提升，今后还需要政府对研发的长期投入，并带动市场主体共同形成并于2020年后保持占GDP 3%左右的研发投入，同时要遵从科研规律，以鼓励充分、制约到位、分配合理、管理科学的制度规范，调动全体科研人员的积极性与创造力，使科研投入的绩效水平得到提高。

第二，大力鼓励创业。必须充分激发全社会的创造活力，鼓励全民创业万众创新，特别在中小微企业和现代服务业层面。以中国人口规模，企业数量还可能比2010年前后的3000万户多几倍（2015年已上升为近7000万户）。民营经济是经济发展的生力军。民营经济的发展质量和水平，以及升级换代的进展如何，在很大程度上决定了国民经济的整体素质。要以多种制度变革和政策优化举措，支持实现民营经济新飞跃，完善和落实促进民营经济有效对接混合所有制改革的发展的政策举措，鼓励民营企业加强技术创新、管理创新、制度创新和企业文化创新，大力实施品牌战略，着力提高市场竞争能力。国有企业需要进一步深化战略性改组，在健全国有资产管理体系和深化改革中消除过度垄断因素和优化治理结构，发挥其应有的特定功能与辐射力，与民营经济相辅相成，共同、共赢发展。

——双化：新型城镇化与产业优化

第一，推进新型城镇化建设。2013 年，中国以常住人口为统计基础的城镇化率为 53.3%（考虑城镇常住人口中至少 2 亿多人未取得户口所代表的基本公共服务“欠账”因素，真实城镇化率则还在 40% 左右），鉴于中国城乡人均收入差距，以及农业与非农产业比较劳动生产率的差距还相当大，中国农村劳动力向非农产业和城市地区转移的动力依然强劲，这也是中国城市化的动力所在。由于城镇化意味着收入的提高、消费的提升、人口的高密度聚集，以及进城农民生活和居住方式的改变，城镇化毫无疑问是中国经济增长持久的内生动力。城镇化也意味着强烈需要供给结构的变化，城市人口的聚集和规模扩大形成的规模经济，将大大促进产业分工的细化和就业结构的细化，同时可以促进农村土地集约使用和农业集约化经营。

在推进城镇化过程中，应根据人多地少的国情，走“大都市圈”战略，避免“四处点火”的城市布局规模不经济现象。2011 年，中国人口超过一千万的城市已经有 13 个。2011 年，京津冀、长三角和珠三角三大都市圈（带）承载了中国 28% 的人口，却产生了 41% 的 GDP。应根据国际城市发展演化的规律，综合考虑水资源和环境的承载能力，提早规划若干个人口在三千万以上的“大都市圈”，最大限度地利用规模经济和劳动分工的好处，节约城市基础设施建设成本，促进服务业发展，也最大限度地节约耕地和保障粮食自给自足。

为引导好中国城市化的进程，发挥城市化红利，需要对阻碍城市化进程的现行户口制度以及户口附属的福利、农村土地、城市社会管理、社会保障、城市规划体制、行政区协调机制等一系列制度，进行相应的变革。必须在弥合“二元经济”的历史过程中，以制度建设、经济手段和其他各种调控手段、政策措施的优化组合，走出一条伴随新型工业化、新型服务业化而同时推进新型城镇化、农业现代化而最终达到城乡一体化一元经济和谐境界的“中国道路”。但在城镇化过程中，要预防和阻止房地产泡沫的产生与发展，对资产泡沫危险绝不可掉以轻心。由于很难事前判断资产泡沫的积累，一个简单实用法则是有价值的。每年平均房价上涨幅度不应超过全国或某地区经济增长率、通货膨胀预期和城市化人口增长率三项之和，即“清华规则”①。极端假设下，以全国经济增长幅度为7%，通货膨胀预期为2%，城市化率1%计算，

① 姚余栋，付竞卉．确定可持续性资产价格：清华规则［J］．比较，2012（62）．

全国每年平均房价增长速度不能超过10%。

城镇化如果是实现了进城农民工的市民化，毫无疑问有利于扩大内需。但城镇化更大的意义在于供给侧效率的提高，特别是“大都市圈”在规模经济上的明显优势。城市规模的扩大使得规模经济不断产生并推动专业化分工进一步细化，集聚效率进一步提高，于是形成大量的创业机会和就业机会。要使城镇化的这一效应得到发挥，需要政府在制度上减少创业障碍，在政策上扶持创业行为，形成有利于创业的制度和政策环境，从而真正形成城市经济的活力和创新能力。因此，市场化改革是城镇化能够顺利推进的根本保障。同时，政府牵头动员专家力量，结合民意与社会多方互动形成的各政府辖区国土开发、功能区设计的“顶层规划”，至关重要，并且总体上并不能依靠微观主体“试错”解决好，必须抓紧进行新时期“京津冀一体化”式的顶层规划工作，形成能经受历史考验的高水平的各区域规划。

第二，促进产业优化。在扶持战略性新兴产业的同时，中国也不能放弃一般制造业的升级换代，不能简单将现有传统产业淘汰到国外，而应结合主体功能区规划和通过政策引导促使其渐次向中西部转移，同时鼓励现有产业改造升级，并大力促进第三产业特别是现代服务业的充分发展。要在成为创新大国的过程中，通过技术创新、商业模式创新、产业创新，和以股权投资母基金引导社会资本投入方向，形成合力来加大战略新兴产业的成长步伐，争取弯道超车后来居上。要加快在资源能源、广电、文化、医疗、教育等垄断行业或过度垄断领域的改革、开放步伐，引入民间资本和资本市场力量，加快形成健康产业、老年护理产业、文化产业、创意产业等新的产业链、价值链和新兴产业群，释放出巨大的产业能量和活力。要通过4G建设、高铁主干网建设、城镇化建设和航天军工民用化，带动移动互联网、绿色建筑、高端装备产业和新材料的发展。应推出有利并购重组的政策，以及通过资本市场功能的发挥促使产业、行业间资源重新有效配置，改善经济整体质量。

同时必须看到，政府扶植产业的效果已经在逐渐递减。中国产业结构优化升级的动力和压力分别来自收入提高后的需求结构多样化与需求结构升级及其供给侧相应机制、人口红利逐渐消失后因劳动力成本上升导致的传统比较优势的丧失、全球化环境下开放带来的国际竞争压力，等等。开放条件下国际贸易和投资规则的限制，使我们以往通过政府扶持和优惠为主的产业政策手段，越来越多地受到贸易对手的关注和制约。因此，新时期推动结构优化和升级的措施，应该更加注重发挥市场机制的作用，让企业真正成为围绕需求结构变动展开创新和产业、行业结构升级的主体。政府的作用应该更为突出重点地转向营造良好的市场环境，包括改革深化金融体系、培育创业和风险投资、提供必要的政策性金融系统和产品，为结构升级提供更加高效的融资服务；加强基础研究和技术研发的政府投入，引导并激励企业加强研究开发投入和产品与品牌创新，赋予学校更大的办学自主权并引导教育结构更好地满足结构升级的需要；营造更加公平的竞争环境，减少对不同产业领域的行政管制和垄断，推动产业投资准入的进一步开放和全过程的公平竞争。

——双减：结构性减税与减少行政审批

第一，加快实施结构性减税。应以结构性减税作为现阶段宏观调控和财税政策的重点和亮点之一。结构性减税是激发市场主体“两创”活力并以经济杠杆引导结构优化、方式转变的代表性机制之一。特别需结合中国国情注意使税外负担的减轻与减税相互结合与协调。税制的总体优化需在远景上按现代社会、现代国家发展目标模式，近景上适应各发展具体阶段上的要求与制约，纳入财政、经济、行政和政治体制配套改革，积极有序推进。

“营业税改增值税”的改革，以往在进口、中小微企业、创新活动、养老产业化、绿色发展等环节和领域的减税与税收优惠举措，应成为现阶段结构性减税的重点，并与资源税、环境税、房地产税改革等一并纳入财税改革的通盘设计，寻求宏观税负基本稳定之下的“双重（多重）红利”。

第二，大幅度减少行政审批。减少行政审批应成为进一步转变政府职能、推进市场化改革、促进国家治理现代化的重要切入点和基本取向，进而以实质性减少政府行政干预特别是行政许可的制度改进，营造良好的企业经营环境，降低交易成本，达到鼓励创业、创新，提高效率推进升级的综合效应。

中国各级政府大大小小的行政审批不仅导致各类寻租腐败行为，而且同时增加了企业经营的不确定性和交易成本。未来中国产业结构的调整和升级，不可能再主要指望产业政策对几个支柱产业或战略性新兴产业和国有企业的扶持来实现，更多的是需要通过广泛的创业和创新活动来实现，而这类创业和创新活动的主体，必然是遍布各地和各个产业的中小企业。为了促进中小企业的创新和创业，必须大大减少不合理的政府行政审批项目，加强对私人产权的依法保护，花大力气改进企业的营商环境。国务院近年多轮推进的减少行政许可事项的改革，以及广东省减少行政审批事项、开展以“三打两建”（打击欺行霸市、制假售假、商业贿赂和建设社会信用体系、市场监管体系）为主要内容的建立具有国际水准的营商环境的努力，是有远见的开端，需要进一步深入。

——双扩：扩大向亚非拉的开放和基于质量、效益的投资规模

第一，着力扩大中国对亚非拉地区的开放融合。经济全球化、一体化已成为不可逆转的发展趋势，但由于美国次贷危机、欧债危机等因素，2008 年以后欧美日等发达国家经济陷入危机状态，其进口需求增速显著放缓，贸易保护主义抬头，且呈中长期化态势。而中国东盟双边贸易额从 1991 年的 79.6 亿美元上升至 2011 年的 3629 亿美元，年均增长 20% 以上；中非贸易额从 1992 年的 105 亿美元攀升至 2011 年的 1600 亿美元，年均增长 22%；中国与拉美贸易额自 2001 年以来年均增长 30%，至 2011 年达到 2415 亿美元。

面对这一变化中的国际经济格局，我们认为需“乘势”而“有为”，中国必须坚持和实施更加积极主动、更加能够体现比较优势的新型开放战略。以主动在海外设立投资基金方式投资欧美高技术密集地区的高技术企业，用股权整合国际高技术资源，以国际产业整合方式支持国内产业升级，推动新兴产业的成长。在努力巩固与欧美国家经贸关系的同时，将更多的关注点和可用资源投入到亚非拉新兴经济体国家，通过拓展外汇储备运用渠道、推动人民币国际化两大动力，围绕“两个市场，两种资源”，运用“基础设施换资源”原理，积极探索将中国的资金优势、基础设施建设能力优势、经济开发区建设经验与亚非拉国家的资源优势、基础设施需求、农业发展需求、工业化进程需求实施有效对接，并以其相关需求带动中国资金、人才、产品和技术“走出去”。“一带一路（丝绸之路经济带和海上丝绸之路）”战略的实施、亚投行（“亚洲基础设施投资银行”的简称）与铁路基金等投融资机制的创立，可以成为新时期支撑“走出去”战略的重点和重要手段。

第二，适度扩大在稳增长方面基于质量和效益的投资规模。在中国当前所处的发展阶段，不能简单批评“高储蓄、高投资”，也不能照搬套用欧美国家以高消费促增长的发展模式（既以高收入为前提，又已被实践证明是导致危机的根源之一），更不能认为消费产生的 GDP 才是高质量的 GDP 而投资产生的 GDP 是低质量的 GDP。扩大投资并不必然导致产能过剩、重复建设。实际上，没有投资就没有供给，也就没有消费（除非像部分欧美国家一样靠借债、靠印刷货币、靠进口消费）；投资是消费的前提和基础，也是国家经济硬实力的依托和就业的源泉，对中国和广大发展中国家，在超常规的“追赶”阶段，投资对经济发展的重要性尤为重要。从改革开放 30 多年的实际进程和成效看，由高储蓄支撑的高投资，不仅不是中国经济的主要问题，相反这是中国得以实现快速发展的重要经验。中国投资与消费的比例和结构，应当随着中国经济发展水平的提升、居民收入水平的增加而逐步合理演进而不宜人为强力调整，更不宜直接套用早已实现工业化、信息化并进入高收入、高消费时代的美国的投资消费结构指标，作为中国目前所处发展阶段的参照指标，否则容易导致错误的宏观政策导向，人为错失当前对中国较为有利的发展机遇。

中国投资领域的核心问题，不是总量和增速，而是结构、质量和效益。从结构看，未来宜重点围绕新型工业化、信息化、城镇化、农业现代化、服务业现代化、国防现代化及住房、医疗、教育等领域，优化投资结构，提升投资强度；从提升质量效益看，要大力深化投融资体制改革和金融改革，以创新投融资模式，引入多元投资主体，以 PPP 和政策融资机制，扩大融资渠道，降低融资成本。此外，对电力、公路、铁路、地铁、公交、医院、学校等具有正外部性且实行或部分实行政府定价的公共性（公益性）领域等准公共性（准公益性）领域，应树立“大效益——国民经济效益”的理念，运用综合绩效评估方式，决不应简单仅以财务效益上是否亏损作为衡量其投资必要性、可行性的依据。

——双转：人口政策转变与国有资产转置

第一，尽快实施人口政策中“放开二胎”的转变。为应对中国已确定无疑面临的人口老龄化压力，“人口红利”的迅速消退、迫近的“刘易斯”拐点与不断上涨的劳动力成本，中国现行人口政策中对体制内人群的“一胎管制政策”和“单独两孩政策”及相关管制状态，亟须尽快转变为“放开二胎”。

实际生活中“一胎化”政策还有实际控制效力的覆盖面，早已收缩到中国城镇“体制内”人群中的几千万适龄人口而已，在十八届三中全会做出“单独两孩政策”的必要调整之后，一年多时间实际情况表明，实际上多出生的人口远远达不到原估计的每年200万，当下及时地转向“放开二胎”政策，不会带来中国人口压力的激增，却会在未来对冲老龄化给经济增长、社会养老带来的压力，近中期缓解“一胎”引致的社会问题（如“失独”家庭痛楚、贯彻“一胎”政策带来的政民矛盾、独生子女带来的养育焦虑、“中国小皇帝”式身心负面效应以及强化收入分配差距等）、适当提振消费和使城镇生活“幸福感”提升等方面，产生一系列正面效应。人口政策的完善，需要妥善处理好“放开二胎”政策实施的路径和各级计生部门的职能转变与人员分流安置问题，这方面并不存在任何硬障碍，关键在于“冲破利益固化樊篱”的决心与在方案操作层面设计好协调配套，切不可再久拖不决。（党的十八届五中全会终于推出“放开两孩”新政策，我们认为其后还可作动态优化调整。）

第二，积极促进国有资产收益和存量形态的转置。国有经济部门（主要以大型国有企业为主）在改革开放中继续发挥重要作用的一个重要方面，是顺应社会诉求以更大比重的资产收益上缴国库，转而支持社会保障体系的运行和公共服务的优化。中国国有经济既有相同于其他国家，又有区别于其他国家的定位：一是应发挥弥补市场缺陷的特定功能，二是在实现中国“伟大民族复兴”“现代化赶超”的“三步走”战略目标过程中，遵循经济规律的同时具有中国特色地、守正出奇地在贯彻国家意志方面发挥其不可替代作用，包括超常规地支持不同阶段上的战略重点事项——如现阶段有待尽快充实的社会保障基金，与强化基本公共服务均等化可用财力的筹集机制，以及贯彻“走出去”战略，等等。

在这种定位之上，健全国有资产管理体系应结合各级政府分别行使出资人职责的原则，将国有资产实施经营型、公益型和自然资源型三类资产的分类管理，坚持“资产全民所有，收益全民所用”的原理下，完善国有资本经营预算（资本预算）管理体制，提高利润（资产收益）上缴比例进而对社会保障和其他公共服务的支出加大支持力度，合理纳入全口径预算体系统筹协调。此外，公益型资产处置（如文化企业转制过程中国有资产的处置）也应纳入国有资本经营预算体系中来。

今后随着国有经济“战略性改组”逐步到位，中央政府在国资委管理范围内的一百多家企业收缩至一百家以下后，应积极探索通过立法方式，确定各类企业的设立依据、政策目标、国有资产收益的合理转置等相关规则，形成规范法案，并在动态优化中全面形成以国有资产收益和存量形态的合理转置服务于全社会公共目标的法治化制度体系。

——双进：国企民企双进步

即国有企业（国有资本）与民营企业（民间资本）应发挥各自优势，协调发展，共同进步。

我们不主张“贴标签”式地讨论“国进民退”“国退民进”问题，且“进”“退”也不是仅体现在“领域”的进出、“市场份额”的高低方面。我们主张，要按照马克思“生产力决定生产关系”的原理作为观察问题的着眼点，并按照小平同志“三个有利于”的核心思想作为衡量标准，在经济发展的一定阶段，既不是“越公、越国有越好”，也不是“越私、越民营越好”（印度等亚非拉发展中国家的产权模式，以及20世纪东欧剧变后私有化形成寡头垄断，严重破坏国民经济发展，亦归于失败覆辙）。此外，从历史上看，中国明清时期、民国时期，没有什么像样的国有企业而几乎全是民营企业、民间资本，也没有实现“强国富民”、社会公平公正的目标。国有企业、国有经济与民营企业、民间资本各有其特点和优势，在当前中国进入工业化中后期、进入资本社会化时代且面临全球化竞争格局的条件下，观察国有企业的存在必要性、作用方式和空间，探索其有效管控模式，必须引入新的理念、转取新的视角、运用新的思维。

国有经济、国有企业具有依托或隐含国家信用、较能够整合各方资源、较有规模经济特色、资本实力强、管理相对规范、社会责任感较强等优势，是政府调控经济、维护国家经济安全，保障社会公平公正的重要调控、辐射力量和政策工具，特别是在某些从国家中长期战略看很需要但暂时面临市场缺损或发育不足的领域，其作用更显重要，但其也存在由政企关系界定不清或内部管理人员道德风险所引发的盈利动机不强、不注重管控成本反而易持续抬高管理成本和福利、工资，运营效率偏低、服务质量较低等问题；民营企业具有市场嗅觉敏锐、机制灵活、客户观念强等优点，但其与生俱来的最大化逐利本性容易导致主要关注企业自身利益或局部利益、粗放开发利用资源、压低劳工安全条件和薪酬、短期行为、易破坏环境、社会责任感不强等问题。我们主张，要通过扩大市场准入、加强市场监管、完善法律法规，发挥其各自长处，抑制其各自不足，构建国企国资、民企民资平等竞争，互为补充、双向良性互动的市场格局。独资形式的国企国资在一般性竞争领域可逐步完全退出，在涉及国家经济安全、经济命脉的特定领域其以股权衡量的控制力大致可初步掌握在30%~60%区间。

股份制是公有制的重要实现形式和融合“国有企业”“民营企业”分野而发展“混合经济”式现代企业的制度形式。原来“国”与“民”在一般概念上的截然不同，从历史大趋势上观察，将越来越多地转化为依阶段、领域等的不同而生成的股份制企业股权结构的变动问题，即归为国有与非国有股权在“混合所有制—混合经济”框架下的一体化生存与“共赢”问题。

——双到位：政府、市场作用均到位并多合作

政府和市场都是现代经济健康运行的重要组成部分，但两者都不应越位、缺位，而应发挥其各自应有作用，实现“双到位”和“多合作”。我们既不主张经济完全由政府主导也不同意单一维度的所谓“小政府，大社会”或“政府退出经济领域，完全由市场自身配置资源”的观点。经济完全由政府主导即实行计划经济，企业全部国有，则形不成市场，价格、资源必然扭曲，供给必然不足，效率必然低下，苏联等东欧国家及中国改革开放前已有深刻的历史教训；经济完全由市场自发运行，企业全部是非国有企业，也会出现经济学理论中亦早已承认客观存在的“市场失灵”，其对国民经济造成的伤害也会十分巨大——1929 年大萧条的出现是其典型案例；2008 年以来出现的由美国次贷、欧债引发的最新一轮全球经济金融危机又一次充分证明，并非政府不参与经济运行，经济就可以很健康地发展。

政府和市场应发挥其各自应有作用，并实现良性互动互补与合作。在中国特色的市场经济条件下，政府既是提供公共服务、监管市场运行的主体，也是部分特定领域的供给（生产）主体。中国政府应在承认和尊重在总体资源配置“有效市场”的决定性作用的前提下，更好发挥其“有为政府”的作用，未来一方面要运用财政政策、货币政策、收入政策等宏观政策，并通过制订和贯彻国家中长期发展战略、区域和行业发展规划引导市场这只“看不见的手”，调控经济运行；另一方面，还应颁布相关法律法规、设立监管机构来监督市场运行，并在涉及国计民生的关键领域通过构建一定数量的强大的国有控股企业这只“看得见的手”，来保障国家经济安全和弥补“市场失灵”，贯彻现代化赶超战略。

上述主张决不意味着看轻国有经济、国有企业深化改革的艰巨任务，也并不意味着主张政府“既当裁判员，又当运动员”，而是主张将政府三个职能分离由三个不同的主体来承担，以确保政府调控、引导经济发展职能与市场配置资源总体决定和职能“双到位”，具体模式是：一是由政府设立的“行政部门”承担制定发展规划、审核市场准入等行政职能；

二是要由政府组建“监管机构”来履行监管市场职能；三是对于涉及国家经济安全、国民经济命脉的重点领域或存在“市场失灵”的领域，还应由政府出资在同一领域成立若干“企业实体”参与有外资、民资等主体加入的市场竞争。PPP模式下的发展取向与机制创新，应成为政府、市场主体与非政府“第三部门”（民间志愿者组织）公益机构与更充分地合作而寻求“共赢”的主题①，亦是政府、市场作用“双到位”前景广阔的创新形式。

经过30多年的不断改革开放，中国的冶金、有色、航空、金融、电信等领域已基本上或框架形式上实现了政府行政、监督、股东三项职能的分离，初步形成了政府与市场互动格局，而电力、铁道、公路、卫生、教育等领域仍维持了或大体未打破原有格局，政府三项职能集中于一个机构，或仍实际维持了过度垄断与过度管制，需要通过大力深化改革，实现三者的履职主体有效分离。

——双配套：价税财与金融创新配套改革

第一，尽快实施新一轮价、税、财配套改革。各项改革进入深水区和攻坚阶段，非常有必要多项改革协调并进，其

① 贾康，孙洁．公私伙伴关系（PPP）的概念、起源、特征与功能［J］．财政研究，2009（10）．贾康，苏京春．PPP：制度供给的伟大创新［N］．企业家日报，2014－12－28.

中应充分看重的是价、税、财等通盘协调的配套改革。财政问题，实质上是公共资源配置体系与机制问题，是“以政控财、以财行政”的配套体系，因而与公共权力主体的系统化改革息息相关，也与整体资源配置机制改革息息相关。正因为如此，中国改革开放宏观层面以财政体制改革为突破口，社会主义市场经济体系建设又以1994年财税体制改革为突破口，实践证明是十分成功的选择。财政处于经济社会基本关系的中心点，相应地在当前面临的资源环境以及人际关系等方面的问题，或多或少均与财税价有关，所以新一轮价、税、财联动的配套改革是“牵一发而动全身”的改革，也可以起到“事半功倍”的效果。

总体而言，价、税、财配套改革的近中期要点包括：通过营改增改革，在减轻税负落实结构性减税政策的同时，消除服务业发展的重复征税因素、推动企业发挥潜力做专业化细分并推动产业机构优化，提振消费、提升经济增长质量；分步全面推进资源税改革，一方面将其作为中国基础品价改和电力体制改革的重要切入点，理顺基础能源、资源产品比价关系和价格形成机制，另一方面从源头上对节能降耗、低碳绿色发展形成长效杠杆机制；以房产税改革试点经验的总结和借鉴，支持加快房地产税立法并适时推进改革，呼应党的十八大要求的“构建地方税体系”，促进地方政府职能转变；允许发行以财产税等地方税收为支撑的地方债券，为新型城镇化融资，淡化区域间税源竞争导致的“经济壁垒”，进而对全国统一大市场的形成产生积极作用，同时可在房地产调控、收入再分配优化等方面产生积极效应；个人所得税分步走向“综合加分项扣除”模式的改革，可以缓解因收入分配差距过大带来的中国社会人际关系紧张的矛盾，同时在培养国民纳税意识、促进预算民主化方面有所作为。而上述各项税制改革的共同推进，自然而然地将中国税制结构向提高直接税占比的方向推进，逐步形成与市场经济纵深发展相适应的现代税制，而这也恰是实现社会经济转型、社会公平的必然要求；积极推进省以下分税制财政体制，一方面可以解决现实中基层财政困难、“土地财政”等问题，也能促进行政框架扁平化以及政府职能转变，从而降低行政成本，优化财政支出结构和更好地释放市场主体活力，为其他改革打开空间，释放经济发展潜力。

第二，积极推进金融改革和创新的配套改革。把握住全球化中的战略机遇，在已有成绩基础上继续推进金融改革和创新，扩大金融对实体经济的服务覆盖面和融资渠道、融资方式，提高银行业、证券业、保险等行业的全球竞争力，需要进一步深化金融机构的改革，特别是深化国有控股商业银行改革。一是进一步降低国家持股比例；二是提升社会资本持股比例，大力发展证券、保险等非银行金融机构；三是在政策性融资机制创新中构建多层次、广覆盖、可持续的农村金融服务体系，并健全小型、微型企业融资体制，引导小贷公司按“资本金融资、自负盈亏、自担风险”原则发展，改进小微企业的金融服务；四是通过建立存款保险制度（2015年已讨论实施），加快发展民营金融机构（包括一大批小规模的社区银行、村镇银行等），并通过降低准入门槛，引入民间资本或将现行的民间放贷机构合法化，增加金融供给主体和金融产品，更好地满足中小微企业融资需求；五是以显著提升直接融资比重为目标，大力发展债券市场；六是发展企业年金、职业年金等，为老龄化社会的养老和医疗保障提供充分的投融资机会并助力资本市场发展；七是继续完善主板、中小企业板和创业板市场，积极探索覆盖全国的股权交易市场（三板），并推动“大资产管理公司”建设；八是提高金融业稳健性标准，积极稳妥地推进银行业实现《巴塞尔协议Ⅲ》，防范银行表外业务风险，牢牢守住发生系统性风险、区域性风险的底线；九是在利率市场化的最后“临门一脚”——放开存款利率上取得突破；十是做好准备适时实行人民币在资本项目下的可兑换，支持人民币国际化。

五“并重”

——“五年规划”与“四十年规划”并重，研究制订基于全球视野的国家中长期发展战略

新中国成立60多年来，包括改革开放30多年来，中国研究制订了13个“五年计划”“五年规划”，而美国、欧盟、日本、俄罗斯等国近年围绕国家发展都制订了中长期发展战略（如美国制订《创新战略》，欧盟公布《欧洲2020战略》，日本出台《新增长战略》，俄罗斯提出《2020年前社会经济长期发展构想》，巴西提出“壮大巴西计划”等）。国际金融危机后，中国经济地位可以说已呈现“跳升”，在“第一个一百年”（中国共产党成立一百周年）的目标实现后，中国经济总量很可能较快成为全球第一。如何在全球视野内寻求中国长期最大经济利益，不光靠实力，还要靠高水平战略思维。建议国家组织跨部门、跨领域的专家团队研究制订中国长期发展战略，为推动技术、产业、人才、机制、制度的全面升级，以2049年（新中国成立一百周年）实现“中国梦”为目标，站在全球经济社会发展的高度上，研究制订长期性、战略性规划，并针对性地组织制定关键领域和重要产业的具体战略，确定重大方针政策，并设计大致路线图及时间表。

——“法治经济”与“文化经济”并重，注重积极逐步打造国家“软实力”

第一，“法治经济”建设。在党的十八届四中全会确立的“全面依法治国”指导方针之下，全面的法治化建设应成为对接“中国梦”的制度建设保证。虽然法律环境对每个行业的发展都很重要，但服务业发展特别需要健全的法律环境，可以其为例作展开分析认识：首先其原因在于现代服务业中的交易比较复杂。制造业中的消费者和生产者对产品的认识较为清楚，产品的特性较容易描述，因此，交易合同较容易执行，对法律环境的要求相对而言就不那么高，甚至可能以种种非正式手段来替代法律的作用。但金融服务等服务业不一样，例如银行对企业的风险程度往往不是很了解，把执行贷款合同看成是重中之重。此外，服务业中有更多与服务对象特性相关的定制产品，交易时需要对产品进行非常详细的描述，交易还往往存在时滞性，因此也导致了合同的复杂与执行的困难。这些方面都需要有更好的法律环境来加以支持。如果法律环境不尽如人意，人们就可能会选择不去交易，不到市场上获得产品，导致服务业社会化程度降低。可以说，中国服务业占 GDP 比重较低的主要原因之一在于法治水平较低。在政府对市场失灵补充作用的缺失方面，需要强调的是法律环境对服务业发展的重要性。“中国服务”的崛起，“法治经济”是前提。社会主义市场经济是“法治经济”。从建设社会主义法治国家出发，参考曾在春秋战国时期及汉朝中前期发挥过重要作用的“法家思想”和西方在法制化领域的经验与教训，以及中国现实经济生活中的迫切要求，我们十分需要抓紧建设“法治经济”。

第二，“文化经济”建设。在供给侧积极引入中国“梅花与牡丹”为代表的文化基因和要素。中国在民族国家形成的漫长的历史沧桑演进中，于经济发展中充分体现了“梅花与牡丹”精神二重性：以“艰苦奋斗”中的“大汉”对应傲雪凌霜的梅花，以包容繁盛的“大唐”对应雍容大气的牡丹，从而拥有强大的文化资本。比如，中华民族吃苦耐劳，长期保持高储蓄率，这是支撑当前中国经济高速增长的重要因素。从这个意义上说，中国经济具有梅花精神。但另一方面，高储蓄率只是支撑中国经济增长的必要条件，人们越来越意识到多样化的需求和消费对经济的可持续健康发展的重要性。特别是，随着中国逐步进入老龄化社会，中国经济增长的动力会发生重大的改变。在摆脱基本物质的匮乏之后，服务业发展加速，对消费的多样性追求和文化消费开支的扩大，要求经济发展模式必须转变过去以资本投入为主的增长模式，转向追求创新和以需求多元化、供给多样化为导向的增长新路径，而这就要求中国经济更加彰显牡丹精神——其代表创新求变和海纳百川的包容精神、创业致富精神，增加每个人的选择机会。应倡导“勤劳立身”，长期保持艰苦奋斗作风的“梅花精神”；同时，倡导鼓励大胆创新、创业、创意和兼容并包的“牡丹精神”。中国经济在“梅花与牡丹”“国花”式文化的交相辉映下，有望以本民族文化根底与外来文化融合形成“美美与共”的软实力，进而才能保持持续发展的生机与活力。

——“海上丝绸之路”和“陆上丝绸之路”并重，有效应对全球政治经济格局演变

第一，“海上丝绸之路”。中国经多年发展航运业，正在形成新的世界贸易中心或国际航运中心。2010 年底，中国共有 22 个亿吨级大港口，上海港继续保持着世界第一大港的地位。中国造船的三大指标全面超过韩国，成为第一造船大国。中国作为贸易大国、港口大国、航运大国、造船大国，在世界航运界的地位显著提高。当中国经济总量超过美国经济总量成为世界第一时，依然会保持制造业的领先地位。这两者决定了中国出口和进口都会上升到居于全球第一位。外向型经济的特点，决定了全球海洋物流产业链条是中国国民经济的命脉。通过对海洋相关行业，例如远洋航运、码头、造船领域，企业或项目进行股权投资或控股收购，将有助于中国构建更为完整的海洋产业链条，建立遍布全球的海洋运输保障系统，确保中国对外贸易的正常开展和中国海洋战略的实施。从2012年中国于南海广阔海域正式建立三沙市（包括西沙、中沙、南沙三群岛，面积约210万平方公里），到2014年正式确立“海上丝绸之路”战略，可称为水到渠成的重大进展。

第二，“陆上丝绸之路”。积极研究中国基于“高铁”的“西向战略”，拓展中国战略空间和促进亚欧非三个大陆经济一体化发展。可依托已有的新欧亚大陆桥中通道、南通道，新增从伊朗德黑兰至开罗等铁路通道规划，实现中国的人员、货物从陆路直达非洲。可考虑组织专门力量会同亚洲、非洲有关国家联合研究相关方案，除“义乌—新疆—欧洲（义新欧）”和“重庆—新疆—欧洲（渝新欧）”两大干线之外，考虑亚、非，至少可先侧重于如下两条干线：第一是依托新欧亚大陆桥中通道（已有初步规划），修建新疆乌鲁木齐—喀什—塔什干—德黑兰—巴格达—安曼—开罗铁路，全长约8000公里，其中从已规划的新欧亚大陆桥中通道途经的德黑兰至埃及首都开罗新增规划里程约3200公里；第二是依托起于云南昆明的新亚欧大陆桥南通道（也已有初步规划），经大理、瑞丽、缅甸曼德勒、孟加拉达卡，进入印度，经加尔各答、新德里，向西进入巴基斯坦，经拉合尔，再向西经库姆，全长10000公里，新增规划从库姆经巴格达、安曼至开罗，约

3000 公里。可充分运用开发性金融手段和组建中国为主导的亚投行或区域性融资机构，是相关的重大事项。这些构想，可融合、对接于“丝绸之路经济带”的全盘战略设计。

——柔性参与 TPP 与独立开展经济合作区谈判并重，主动参与国际贸易和投资规则的制订

第一，柔性参与太平洋伙伴关系协议（Trans-Pacific Partnership Agreement，TPP）谈判。WTO 多哈谈判已经搁浅。美国通过 TPP 绸缪国际贸易新规则的努力，无疑对中国是一个巨大的挑战。国际货币基金组织（IMF）数据表明，2010 年 TPP 成员国 GDP 总额已高达 16.9 万亿美元，占世界 GDP 总额的 27.2%，日本加入后，其 GDP 总量将达 22.3 万亿美元，占世界 35.5%，成为世界最大自贸区。截至 2015 年，TPP 成员已有美国、日本、澳大利亚、加拿大、新加坡、文莱、马来西亚、越南、新西兰、智利、墨西哥和秘鲁十二国，经济规模占全球经济总量的 40%。一旦 TPP 做大，加之美欧自贸区谈判的推进，“两洋战略”很大程度上又将把美国继续确立为全球贸易特别是服务贸易的中心。在太平洋方向，TPP 在很大程度上将成为 WTO 的替代版。中国面临是否加入、何时加入、如何参与规则制定等一系列棘手问题。我们的建议是，从长计议，柔性参与，不求短期内加入，但求“从谈中学”，积极靠拢和影响 TPP 规则。中国近年已从上海开始，后又扩大到广东、天津和福建的“自贸试验区”，要求打造高标准（实为向国际最高标准看齐）法治化营商环境，还是对此的国内铺垫。

更重要的还在于，2001 年中国加入 WTO 开启了以开放促改革的巨大红利空间，今后以应对 WTO 的态度应对 TPP，将再一次起到以开放促改革的积极作用。降低关税之外，TPP 在经济透明度、知识产权保护、政府采购、环保高标准等领域的要求，将进一步推动中国改革，并契合中国经济升级版的要义。

第二，主动参与国际贸易和投资规则的谈判，加速推动“中非论坛”和筹备“中国拉丁美洲论坛”。建议国家将参与亚非拉国家铁路、机场、港口、电力、电信等基础设施建设及投资，作为今后 30～50 年中国推进“走出去”战略，拓展海外市场，获取海外资源及能源的重大举措。2008 年全球经济金融危机以来，由于欧美国家自顾不暇，亚非拉要求中国参与支持其基础设施建设的意愿强烈、需求巨大，这对中国是难得的战略机遇，对提升中国国际影响力，促进经济可持续发展意义重大，且中国在此领域已具有丰富经验、明显优势和强大能力。为此，建议国务院成立对外基础设施投融资协调领导小组，成员可包括外交部、商务部、财政部、发改委、交通部、工信部、人民银行、国资委等有关部委及国家开发银行、中国进出口银行等金融机构，统筹谋划，积极实施。

——高调推动国际货币体系改革与低调推进人民币国际化并重

第一，高调推动国际货币体系改革，重在话语权。G20领导人在戛纳峰会上承诺要“构筑更为稳定和更具活力的国际货币体系”，为国际货币体系改革指出了方向。从长期看，实质问题是应由一个“全球中央银行”来管理全球流动性。2009年，中国人民银行行长周小川就在《关于改革国际货币体系的思考》一文中指出，国际货币体系的理想制度安排应采用超主权货币，如特别提款权（SDR）。从短期看，全球流动性管理是迫于国际社会需要，可考虑倡议新布雷顿森林体系，即在G20“强劲可持续平衡增长的框架”下进一步落实G20戛纳峰会承诺和《IMF章程》第一修正案，以基础SDR增长目标为“锚”，落实储备货币的国际协商制度，扩大IMF在全球流动性管理上的监督权，建立更为稳定和更具活力的国际货币体系，从而力求终结当前全球流动性“总闸门”毫无约束的局面：首先体现为形成话语权和在导向上促进加强全球流动性管理，为最终向超主权货币过渡创造条件。

第二，低调推进人民币国际化，抢占制高点。全球化不仅仅是贸易国际化，也是货币国际化。由于全球流动性缺乏管理，容易出现过剩局面和全球经济金融化局面。国际货币和国际金融中心成为孪生兄弟，而且大有凌驾于全球实体经济之上的趋势。如果人民币不能成为国际货币，中国经济越是开放，就越是面临被动对冲全球流动性泛滥和大幅度波动的困难局面，也难以有效打造自己的国际金融中心。所以，人民币国际化是中国经济参与全球竞争的战略制高点。成为“硬通货”的国际货币目前大体可分为三个层次，第一层次是美元，第二层次是欧元，第三层次是日元和英镑等。在较长时间段内，人民币还不可能与美元争“老大”，只要进入“硬通货俱乐部”的第三层次（以人民币资本项目下可兑换为关键制度支持），进而再努力做成与欧元相当的第二层次货币。建议在现有已取得一些进展的基础上，低调务实推进。

在上述基本考虑中，八双中的“双创”是发展的灵魂和先行者；“双化”是发展的动力与升级过程的催化剂；“双减”则代表着侧重于提升供给效率、优化供给结构以更好适应和引导需求结构变化的制度基础；“双扩”是力求扩大供给方在国际、国内的市场空间；“双转”是不失时机地在人口政策和国有资产配置体系两大现实问题上与时俱进，顺应供给结构与机制的优化需要，以支持打开新局面；“双进”是明确市场供给主体在股份制现代企业制度安排演进中的合理资本金构成机制与功能互补和共赢效应；“双到位”是要在政府与市场这一核心问题上明确处理曾长期困扰相关各方的合理定位；“双配套”是财税、金融两大宏观经济政策体系上以大决心、大智慧推进新一轮势在必行的制度变革与机制升级。而上述“五并重”思路设计的视野，是把中国顺应世界潮流而寻求民族复兴的时间轴设为百年、空间轴设为全球，来认识和把握综合性的大格局、大战略问题。

“聪明”投资

历经数年经济下行之后，中国工业、投资、消费等数据又继续出现回落，2015 年经济增速有加快下行迹象，已落到 7% 的重要市场心理关口，引发不少外媒“唱空中国”。自 2014 年 10 月底美国第三轮量化宽松（QE3）彻底退出后，国际、国内经济下行压力均明显加大。据国家统计局官方数据显示，2015 年中国经济同比增长 6.9%，创 20 世纪 90 年代中期以来新低。新供给经济学研究群体基于运用近年的创新认识认为应高度注重从供给侧入手在未来一个时期抓住国际石油、矿产等大宗商品价格走低的难得历史机遇，充分运用中国高外汇储备、高储蓄及青壮年劳动力尚较充裕等多方面有利条件，按照中国打造新常态下经济发展升级版的总体要求和发展方向，以增加有效供给的选择性“聪明投资”，着眼于和发力于“补短板、挖潜能、转主体、增活力、提效率、可持续”，促进“稳增长、促改革、优结构、护生态、惠民生、化风险”，为2015年、“十三五”规划及长期经济可持续科学发展，实现“两个100年”目标，奠定坚实基础，并为全球经济稳增长做出积极贡献。

我们认为，中国投资问题的关键，不在于比例和增速，而在于质量、结构和绩效。新供给建议的核心内容，是在认识、适应和引领经济增长“新常态”的过程中，充分利用中国可用、可观、可贵的选择性投资空间，以“改革创新”为核心理念，从解放生产力、提升国际竞争力出发，以优化调整结构提升经济增长质量和改善生态与民生、实现可持续发展为落脚点，争取使“新常态”对接一个尽可能长的“中高速”而“质量升级”的增长平台期。

加大基于“稳增长、促改革、优结构、护生态、惠民生、化风险”的选择性投资力度，是有力应对当前及中长期国内外形势新变化和新挑战的客观需要、战略思维与诉求。从国内外发展经验看，投资是经济发展的重要支撑条件，是消费的前提和基础，也是国家经济硬实力成长性的依托和民生就业的源泉。我们认为，中国目前所处的发展阶段，特别是党的十八大提出的“三个没有变”（即“中国仍处于并将长期处于社会主义初级阶段的基本国情”，“人民日益增长的物质文化需要同落后的社会生产之间的矛盾这一社会主要矛盾”

和“中国是世界最大发展中国家的国际地位”这三者都没有变）体现的国情特征，决定了中国在相当长时期内经济领域的主要矛盾方面是在供给侧，粗放型投资驱动转为集约型投资驱动并合理扩大消费的转变过程中，结构性有效供给不足的矛盾仍十分突出，为应对新阶段国内外形势的新变化和新挑战，适当增加有效投资对经济可持续健康发展尤显重要。中国投资领域的核心问题实际不是总量和增速，而是结构、质量和综合效益的问题。我们所强调的是在决策部门实施理性的“供给管理”视界之下的选择性“聪明投资”（Smart Investment），其可把政府“有所为有所不为”的结构性导向与“让市场充分起作用”的配置机制和多元主体合作制约之下审慎务实、高明聪慧的项目科学决策结合为一体。

从战略格局分析，促进中国中长期可持续发展，实现“两个市场，两种资源”，应对东海方向以“钓鱼岛”为代表的问题、南海方向的摩擦争端问题等，需要中国加大经略周边、全球经济布局的力度。从应对当前面临的挑战分析，2014 年三季度以来，全球经济整体复苏动能有所减弱，美、英等发达国家经济稳步复苏，而欧元区与日本经济增长下滑，新兴经济体整体复苏动态趋弱，国际经济格局复杂。美国量化宽松货币政策（QE）的彻底退出，成为全球经济发展的最新不稳定因素。为此，加快基础设施建设，出台能够有效稳增长的得力措施，成为全球共识，特别是发展中国家的客观需要与迫切愿望。因此，应对国际形势最新变化，提升中国综合实力及国际竞争力、影响力，需要增加有效供给的“聪明投资”。

近年来，中国宏观经济受外部环境变化及“三期叠加”影响，经济发展面临显著下行压力，而要保持6.5%以上可接受区间内的中高速增长，十分需要以增加有效供给的“聪明投资”，来加以支撑和驱动。因此，确保国内稳增长，需要增加有效供给的“聪明投资”。

经济走向“新常态”中，需要着力通过加快改革创新形成新制度供给，以解除制约生产力发展的制度瓶颈，进而盘活要素存量，并激发创新、创业、创造的潜力、动力和活力。从历史上反复验证的经验看，执政党“自我革命”的改革需要一个相对平稳的社会环境，经济增速必须保持在合理的区间内，以维持就业水平与收入增长预期处在防止“经济问题政治化”的临界点之上，而适当增加有效供给的投资，则是最为有力和比较便捷的举措。因此，促进加快改革，需要增加有效供给的“聪明投资”。

具体主要表现在：一是适应新型城镇化推进，一大批中心城市的交通、公用事业基础设施迫切需要加快升级换代（如相互联通的高铁网和中心区域的地铁网、周边区域的轻轨、城铁），实现社会生活基础条件的结构优化，在利用和消化钢铁、水泥等过剩产能的同时，形成长期的支撑性优质资产，这需要积极加大一系列投资；二是调整产业结构，需要运用节能降耗减排的中高端新产能、新供给，选择性投资建设示范园区和示范项目，促进“双高”产能的市场化淘汰、替代；三是中国农业现代化向高端发展，需要选点建设现代化农场、加大农业与科技和信息等现代化因素的结合、探索引入现代化设备和系统升级；四是制造业加快升级改造，需要通过重点企业的技术改造项目，带动新技术的研发和引进、新设备的制造和引入、新产品的创新和开发，促成产业升级和国际分工地位的提升；五是生产性服务业加快发展，需要在加快开放准入的同时加大国家选择性的相关投资。2013 年中国服务业对经济增长的贡献率为 46.1%，首次超过制造业，但仍远低于发达国家 70% 左右的水平，也比同等收入水平的发展中国家低 10 个百分点左右，即便在“金砖国家”中，中国的服务业占比仍然是最低的，这同时所表明的，便是其相关投资与发展的空间及其必要性。因此，优化经济结构，需要增加有效供给的“聪明投资”。

未来需要增加有效供给的民生领域主要有：一是应对人口老龄化解决“养老难”，需要积极增加养老设施供给。从现在的人口结构来看，中国已快速进入老龄化社会，养老压力日趋严峻，“放开二胎”等人口政策虽已启动但进一步调整仍势在必行，同时在机构养老、园区养老、社区养老等业态从硬件设施到软件服务的所有投入，必须适应客观要求。二是推进人力资本培育，需要增加设施供给。一方面，经济欠发达的中西部（尤以老少边穷区域为代表）教育设施供给仍明显不足、教育资源短缺亟待填补；另一方面，对社会生活影响日升的学龄前教育和作为国家经济发展重要支撑的现代职业教育等领域，有效供给明显不足。三是进一步深化医疗改革解决“看病难，看病贵”，需要增加医疗设施、设备投资。四是实现“住有所居”，需要政府在保障房、商品房双轨统筹规划之下，根据社会公平要求继续加快棚户区改造，增加公租房、共有产权房等保障性住房供给。五是为满足人民群众日益增长的文化、体育需求，必须加快相关文化创意产业园区和文体设施建设。参照欧美发达国家经验，2015 年以后，“十三五”规划及中长期，均需要加快建设博物馆、图书馆等文化设施以及足球场、运动场馆等体育设施。因此，使发展成果更好惠及民生，需要增加有效供给的“聪明投资”。

加快生态文明建设，应对以雾霾为代表的环境危机因素的挑战，尽快改善环境，并加强国际合作应对气候变化，是改善民生的最为迫切的需要之一。为此，一方面，需要加大相关投入，加快治理河流、大气、土壤等中间的存量污染物；

另一方面，需要加快优化能源供给方式，调整能源、资源利用的结构和技术路线，大力加快煤炭清洁利用的设施投资建设，加快发展地铁、轻轨等综合性快速公共交通，加快污水处理厂、垃圾处理厂建设等环保设施建设，多措并举加快节能减排降污。因此，应对“雾霾”式挑战加快改善生态环境，亟须增加有效供给的“聪明投资”。

鉴于此，新供给建议在认识、适应和引领经济增长“新常态”的过程中，充分利用中国可用、可观、可贵的选择性投资空间，以“改革创新”为核心理念，从解放生产力、提升国际竞争力出发，以优化调整结构提升经济增长质量和改善生态与民生、实现可持续发展为落脚点，争取使“新常态”对接一个尽可能长的“中高速”而“质量升级”的增长平台期。

第一，在“十三五”规划期间及更长的历史时期，中国应积极考虑适当加大基于质量和效益的结构导向选择性“聪明投资”，作为进入“新常态”、对接一个尽可能长的中高速增长平台的重要宏观政策方略和理性“供给管理”的有效选项，周密稳妥地实施。从改革开放 36 年来的实际进程和成效看，中国由高储蓄支撑的高投资，总体上并不是中国经济的主要问题，而是中国经济得以快速发展的重要经验之一，新阶段上经济增速和投资率的适当调整是必要的，但中国投资领域的核心问题不是总量和增速，而是结构、质量和综合效益。

第二，通过加大相关领域改革力度攻坚克难，为提升投资质量和效益创造良好的政策环境和支撑条件。建议制度改革重点在已有部署上继续从以下方面深化：一是简政放权、放松管制；二是消除过度垄断，实现竞争性市场准入；三是继续推进以“营改增”为切入点的财税配套改革，实现中央与地方财权与事权的合理调整及降低企业综合成本、促进企业设备更新改造、鼓励企业科技创新等目标；四是加快以“推进普惠制金融发展、扩大金融业开放”为目标的金融多样化改革，其中政策性、开发性金融的健康发展及商业性、政策性金融与PPP的良性互动和结合，应当纳入通盘战略性考量；五是加快以“反映市场供求关系”理顺比价关系和价格形成机制为目标的资源、能源产品价格改革；六是深化以“落实微观主体投资自主权”和发展混合所有制经济为核心的投融资体制改革；七是以打造高标准法治化营商环境、“实现投资自由化、贸易便利化和金融国际化”为目标的对外开放制度安排的改革。

第三，创新国际国内投融资模式，实现“中国全球共赢”“政府市场双到位”“国企民企双进步”。为加快推进全球基础设施领域合作，建议在加快资金供给侧的金砖国家开发银行、丝路基金、亚洲基础设施投资银行等金融机构组建并发挥国家开发银行、中国进出口银行作用的同时，积极考虑创新基础设施建设的投融资主体、项目建设主体和相关项目建成后的运营主体构建问题。借鉴中国与新加坡合作的“苏州工业园”和近年表现了上升态势的国内“连片开发”多个案例中的可取经验，运用 PPP 机制创新，将国内外可带来资金力量的有关开发主体与需要投入资金而预期可取得未来现金流的基础设施建设项目和连片综合开发项目，在法治、契约保障条件下结为合作共同体，政府以提供规划、政策支持为主，并可适当投入追求“乘数效应”的部分资金，打造公司化、国际化、市场化的基础设施和连片开发建设新局面（比如，以基础设施发展公司形成“安哥拉模式”的升级版）。近期国内基础设施及公共投资领域，正在加快推进市场化改革，开放市场准入，全面推广 PPP 模式，发挥民间资本的积极作用，对此亟须加快立法和示范指导、多方协作乘势推进，并积极扩大到境外（可重点对接“一带一路”战略的实施）。

第四，结合发展战略、产业政策，通盘规划加大高质量、高综合效益的投资力度，用中高端的“新供给”淘汰落后低端的“旧供给”。基于新型城镇化、新型工业化、农业现代化、信息化进程中存在的供给不足等问题，进行有针对性、选择性的聪明投资，需要极其注重防范无效、低效投资。新型城镇化过程中应注重首先对基本公共服务、养老设施等惠及民生的“托底”事项进行有侧重的投入；在新型工业化进程中应聚焦重点技术研发、产业升级换代、重大设备更新等有助于经济结构调整和产业转型的项目进行政策倾斜支持投入；在农业现代化进程中注重对农田水利、现代化农场、大型农用设备、服务运行体系硬件设施等方面进行有选择的投入；在信息化进程中应注重对大数据时代网络技术、网络系统建设、网络安全、网络人才、智慧城市等重点领域以引导基金等方式进行有选择的投入。

第五，财政和金融政策要为“稳增长、促改革、调结构、惠民生、护生态”提供有效支持。在财政政策方面，应适当加大“积极”力度，有所作为，突出重点，创新机制，有针对性、选择性地加大投资支出，在增加公共产品和服务的供给方面，首先应当针对项目分类，选择资金来源的不同分类组合，注重积极扩大 PPP 制度供给创新模式的应用。特别应当加大教育、医疗、养老等民生项目投入。随未来几年适当提升政府债务规模、赤字率，至少可在近两年 2.1% 的年度赤字率水平上明显提高 0.5 个百分点（即提高到 2.6% 以上），这可对应于年度数千亿元赤字规模扩张。未来还可视情况继续适当提高。建议地方政府债务规模可积极较快提升至年度发行 1 万亿元以上，用阳光化、低成本、长周期债务替换隐性化、高成本、短周期债务，减轻政府体系实际债务负担和基础设施融资成本。在货币政策方面，应有度放松，适当降准，并把握必要情况下在降息、降准通道内的继续运行。实际上，在利率逐步放开而市场化的条件下，只有降准，才能真正降息，这与经济刺激政策关联度并不太大，主要是对冲美国 QE 退出，降低企业融资成本，有利于市场稳定和供给侧发展。在拓展股权投资渠道方面，应发挥资本市场作用，大力发展产业投资基金和政策性引导基金，建议在总结“沪港通”经验的基础上，可适当加大国内资本市场开放力度，及时推出“深港通”等对外“引水”举措，通过适度扩大股票发行增加股本融资，并通过资本市场产生的财富效应拉动国内消费增长（同时高度重视，积极引导股市风险的防范）。与此同时，建议可鼓励发展各类产业投资基金和政策性引导基金，为“聪明投资”和“创新驱动”提供资金支持。

此外，还应考虑加快民营银行的组建进程和存款保险制度建设，大力发展互联网金融，构建以资金供给侧“中小微银行”服务实体经济端“中小微企业”的普惠民生型金融体系，通过增加有效供给，缓解中国经济领域长期存在的中小微企业融资难、融资贵的痼疾，并为民间创业创新的民营经济发展，以及服务业发展提供强有力的金融支持。加快构建绿色金融体系，为绿色经济、生态文明提供有效的金融支持。

一方面，可借鉴国际经验，构建以绿色评级、绿色债券支撑的“绿色银行”机构（基于市场化运作的国家级或地方级“绿色银行”），并在现有的一些商业银行内部组建“绿色信贷事业部”，支持污水处理、垃圾处理、水利设施等环保基础设施，以及环保设备生产、低碳型新能源发展等；另一方面，应积极发展绿色保险、绿色信托等促进绿色发展金融机构。在配合人口政策的及时调整方面，中国人口政策“放开二胎”及相关配套政策的推进至关重要。考虑到计划生育工作体系随人口政策调整，需处理人员分流、经费保障机制转轨调整等配套问题，故财政部门应以专项资金和预算优化调整等方式，支持和配合人口政策的及时调整，以利国利民，达到“花钱买来新机制”的效果。

“供给侧”环境与机制改善及发展新动力创构

以“实现中华民族的伟大复兴和人民群众的美好生活”“强国富民”为根本发展目标，以“改革开放、动力混成、创新包容”为主驱动力，需更注重以中长期的高质量制度供给统领全局的创新模式，取代短期需求调控为主的凯恩斯主义模式，在优化供给侧环境机制中，强调以高效的制度供给和开放的市场空间，激发微观主体创新、创业、创造的潜能，提升全要素劳动生产率，以释放潜力、激发活力托举新常态的经济社会“质量升级式”发展，稳增长、优结构、护生态、惠民生。

根据测算，随着中国经济到达“巴拉萨－萨缪尔森效应”（实际汇率上升）和“刘易斯拐点”（劳动成本上升）时，中国经济的潜在增长率合乎逻辑地有所下降。初步估计未来几年间，中国非加速通货膨胀经济增长率（NAIRG）在 8% 左右，而非加速通货紧缩经济增长率（NADRG）在 6% 左右。以此而言，2015 年确定的 7% 左右经济增长率，如政策和工作不出大的偏差，应可实现，关键是需同时引导市场预期和“升级版”的演变过程进入良性循环，争取相对顺利通过市场“优胜劣汰”压力为主的阵痛期，对接一个尽可能长时间的升级版中高速增长平台。在中国，往往在经济下行压力明显时，也正是改革推进阻力较小之时。应抓住时机，推进改革优化供给侧环境机制，为中国的长远可持续发展夯实基础。

鉴于此，新供给的主要建议是：

第一，立即调整人口政策，从控制人口数量转向优化实施人力资本战略。纵观世界史，国家兴衰与人口的变化息息相关。面对中国劳动人口明显下降、老龄化社会加速到来的趋势，必须尽快、果断调整中国人口政策。在严格的控制人口政策按原“三十年为期”框架实施了三十多年之后，中国实已进入调整人口政策的最后窗口期，绝对不能在这个问题上犯颠覆性错误。一是仅对体制内几千万适龄家庭人群适用的“一胎管制政策”和“单独两孩政策”，亟须尽快转变为“放开二胎”，此举近中期可缓解“一胎”引致的一系列社会问题并提振消费，中远期可在提升人民群众“幸福感”、夯实和谐社会根基的同时对冲部分人口老龄化压力（中央十八届五中全会宣布的“放开两孩”政策调整出台后，还可以并应当动态推进，后续优化举措）。二是将以计划生育重点针对体制内的人口控制，过渡到以整个社会全面优生和提高人口质量为核心的人口战略，并进一步改写为以教育和提升创新能力为核心的人力资本战略。另外，促进人口流动、适当吸引移民也应当成为中国人口政策的重要内容：一方面，要以实施城乡基本公共服务一体化为制度依托，顺应城市化进程中人口从农村向城市流动的历史性趋势；另一方面，要适度放开移民政策，既要积极引入高端、优质的创新型人才，在需要的时候也要有序引入熟练技工。总之，从各方面情况看，人口政策的调整是人心所向、成本最低、见效最快、利国利民、福及千秋万代的“仁政”，应当尽快颁行。

第二，积极审慎推动土地制度改革，逐步建立城乡统一的土地流转制度。土地是被称为“财富之父”的根本资源，土地制度是国家的基础性制度，也是供给管理的极重要内容。土地制度改革事关利益格局的重大调整，需要长远谋划、积极审慎。当前，土地制度改革的焦点主要集中在农村土地方面（涉及集体经营用地、农民承包地和宅基地）。我们建议积极落实党的十八届三中全会《决定》中的有关精神，明确农村集体经营性建设用地入市范围和途径；建立健全市场交易规则和服务监管制度，积极总结借鉴重庆等区域以“地票”制度处理远离城市中心区的农民在农地“占补平衡”框架下分享城镇化红利的经验。全面推动农民承包土地使用权的确权、流通、转让、租赁制度，保护农民的合法权益。探索农民住房保障在不同区域户有所居的多种实现形式。应充分重视深圳特区“先行先试”环境下形成的“国有平台，整合分类，权益求平，渐进归一”土地制度改革经验，在逐步建立城乡统一的土地产权框架和流转制度过程中形成兼顾国家、单位、个人的土地增值收益分配机制。土地征收中严格界定公共利益用地范围，规范程序，公开信息；建立对被征地农民的合理、规范、多元的补偿和生活保障、生产引导机制。

第三，全面实施金融改革，积极解除“金融抑制”，有效支持实体经济。基于金融是“现代经济的核心”的重要性和防其变为“空心”的防范风险的必要性，要针对中国金融市场的结构失衡、功能不全和“金融抑制”，全面推进金融改革。一是进一步深化金融机构特别是国有控股商业银行改革，适当降低国家持股比例，提升社会资本持股比例；二是积极发展证券、保险等非银行金融机构；三是在政策性融资机制创新中构建多层次、广覆盖、可持续的开发性金融、农村金融、绿色金融、科技金融等服务体系；四是依托存款保险制积极发展一大批社区银行、村镇银行，通过降低准入门槛，引入民间资本或将现行的民间放贷机构合法化，增加金融供给主体和金融产品，健全小型、微型企业融资体制，并引导小贷公司按“资本金融资、自负盈亏、自担风险”原则发展，改进小微企业的金融服务；五是依全面放开存贷款利率管制，实现市场化定价的方针，择机在利率市场化的最后“临门一脚”——放开存款利率上取得突破；六是以显著提升直接融资比重为目标，大力发展多层次资本市场，在继续完善主板、中小企业板和创业板市场的基础上，积极探索覆盖全国的股权交易市场（三板），并推动“大资产管理公司”建设；七是提高金融业稳健性标准，积极稳妥地推进银行业实现《巴塞尔协议Ⅲ》，防范银行表外业务风险，牢牢守住发生系统性风险、区域性风险的底线；八是加强金融业监管，落实金融监管改革措施和稳健标准，完善监管协调机制，界定中央和地方金融监管职责和风险处置责任；九是做好准备适时实行人民币在资本项目下的可兑换，支持人民币国际化。

第四，切实以改革为企业经营创业活动“松绑减负”，激发微观经济活力。结合当前企业的实际情况，应以“负面清单”原则取向，创造“海阔凭鱼跃，天高任鸟飞”的高标准法治化营商环境。一是以自贸区为标杆，进一步简政放权，降低门槛、减少准入控制，同时改革监管方式，优化服务，推动全国统一的行政审批标准化改革，建立覆盖所有法人、自然人的全国性信息信用系统，执行统一的市场监管规则，以此最大限度地减少社会交易成本，为企业创造良好的经营环境。二是适度降低中国社保缴费率，同时加快推进实施基本养老社会保障全国统筹步伐；建立全国统筹的社保体系可结合调入国资经营收益等机制。三是进一步清理收费，降低企业实际综合负担特别是税外负担，在深化财税改革厉行结构性减税的同时，应注重彻底切断行政审批与收费之间的利益关联，分类重建收费管理的体制机制，将“准税收”性质的收费、基金尽快调入一般公共预算，“使用者付费”性质的收费、基金应在基金预算中加强成本核算与信息公开，行业协会、中介组织所提供的服务收费应打破垄断、增强竞争、压低负担水平，对“红顶中介”、设租寻租所强加的企业负担，更应结合反腐倡廉来有效消除。

第五，大力实施教育改革和创新驱动战略，培育高水平人才有效建设创新型国家。以改造应试教育和去行政化为重点的教育改革势在必行，以利于培养造就一大批创新人才。面对新一轮生产力革命（“第三次产业革命”）的挑战，中国从中长期来看，需要在高端“买不来的技术”领域靠原始、自主创新艰难前行，在中高端依靠全面开放和“拿来主义”“引进、消化吸收再创新”与“集成创新”结合，最终建成“创新型国家”，完成从工业时代经济向与“第三次产业革命”接轨的“中国新经济”的转轨。可以预计，信息产业、新能源产业、高铁式重大装备制造业、生物产业和纳米产业等战略性新兴产业，插上“互联网+”的翅膀，正在或可能成为中国经济的新引擎。为力求主动，必须积极深化科技体制改革，完善支持自主创新和成果转化的政策体系，引导各类创新主体加大研发投入，调动社会各方面参与和推动自主创新的积极性。要完善以企业为主体、市场为导向、产学研结合的技术创新体系；加强创新型人才队伍建设，重视培养引进高科技领军人才；培育创新文化，保护创新热情，宽容创新挫折，形成有利于创新的全社会氛围，多元化支持从发展基础科研、实施国家科技重大项目到促进科技成果产业化各个方面的自主创新，提升创新绩效。要充分遵从科研规律，以激励有力、制约到位、分配合理、管理科学的制度规范，调动全体科研人员的积极性与创造力，使科研投入的绩效水平得到提高。

供给侧的以上举措，离不开中国行政、财政、国企、收入分配、价格、投资等多方面的综合配套改革。对此，新供给亦给出如下建议：

第一，“结合式”深入推进行政审批制度改革、大部制改革和“多规合一”制度建设。

深化行政审批制度改革现在已经触及更深层的系统性、体制性问题，需要从“重视数量”转向“提高质量”，以法治化、系统化、标准化、信息化、协同化、阳光化为指针，结合“大部制”改革内在逻辑，职能、机构、编制协调联动，“结合式”将行政审批制度改革向纵深推进。一是大力提高行政法治程度，建立严格的行政审批事项准入制度，防止边减边增、先减后增。二是顺应大部制改革前景，动态优化设计、择时启动行政审批的国家标准化工作。三是积极落实“规划先行”“多规合一”政府职能优化再造工作，可先形成部际联席工作框架，动态对接未来的大部制机构改革和流程优化，发改、国土、城乡、交通、环保、产业、财政等都必须纳入“多规合一”综合体系。四是建立全国统一的行政审批信息数据库及在线行政审批平台，提高政府管理的信息化水平。五是积极推动行政审批业务流程再造，提高系统性与协同性。六是深化收费制度改革，以破除各类收费的“收、支、用、管”一体化为核心，彻底切断行政审批与收费之间的利益机制。七是对社会中介组织作合理培养引导，促进竞争，提高素质，正确地行使其承接政府转移功能之作用。

第二，继续深化财税改革，支持政府治理体系与能力现代化。

财政的实质是公共资源配置的体系与机制，是国家治理的基础和重要支柱，既与公共权力主体的系统化改革高度关联，也与整体资源配置机制改革息息相关。正因为如此，改革开放以来，我国历次重大改革均以财政体制改革为突破口，且取得了巨大的成功。当前，需要继续借力于党的十八届三中全会后率先启动的财税改革部署，调适优化政府、市场、社会之间的关系。一是加快建设以“规范、透明、绩效”为特征的现代预算管理制度。以“预算全口径”为原则，将政府的所有收入和支出（包括尚游离于“四本预算”之外的债务、各类公共资源资产、各类公共权力收支等）都纳入管理；以“管理全过程”为原则，全面建立以权责发生制为基础的政府综合财务报告制度；深化推行绩效预算、加强财政审计、推动财政问责制，形成覆盖财政资金管理全程的政府收支管理制度体系；实施中期预算框架，建立跨年度预算平衡机制；加快推进预算公开，提高财政透明度，包括扩大公开范围、细化公开内容，完善预算公开机制，强化对预算的外部监督检查等。二是以减少间接税、增加直接税为切入点，建立现代税收制度。“营改增”改革要力争如期收官。消费税改革应结合“问题导向”抓紧形成和推出实施方案。资源税改革要进一步扩大覆盖面并对接各配套联动改革事项。房地产税要加快立法进度，力争于2017年推出。个人所得税改革应坚决校正单纯改起征点的错误氛围，理顺改革设计，分步走向“综合加分项扣除”模式。三是建立事权和支出责任相适应的中央与地方财政体制。可依托正在进行的权力清单、责任清单改革，由粗到细试编和逐步明确各级政府事权清单，再对接以预算支出科目为量化指标的各级支出责任一揽子清单。结合省直管县打造三层级框架积极推进省以下分税制财政体制。构建由地方税、转移支付等共同组成的地方收入体系，促进地方政府事权和支出责任相适应。以促进基本公共服务均等化为导向，优化重构转移支付制度。

第三，有序推进国有企业改革，促进国有资产收益和存量的转置。

规模庞大的国有经济是中国特色社会主义的组成部分。大型国有企业在中国经济社会中发挥重要作用的一个重要方面，是顺应社会诉求将更大比重的资产收益上缴国库，支持我国社会保障体系的运行和公共服务的增量提质。今后，随着国有经济“战略性改组”和“混合所有制”改革、资源能源价格形成机制配套改革的深化，中央政府在国资委管理范围内的一百多家企业收缩至几十家以后，应积极探索通过立法方式，确定各类企业的设立依据、政策目标、国有资产收益的合理转置等相关规则，形成规范法案，并在动态优化中全面形成以国有资产收益和存量形态的合理转置，在法治化制度体系中服务于全社会公共目标：在坚持“资产全民所有，收益全民所用”的基本原则之下，完善国有资本经营预算（资本预算）管理体制，提高利润（资产收益）上缴比例进而对社会保障和其他公共服务的支出加大支持力度，合理纳入全口径预算体系统筹协调。各类公益型资产处置（如文化企业转制过程中国有资产的处置）也应纳入国有资本经营预算体系中来，以此充实社会保障基金、强化基本公共服务均等化的财力支撑，真正体现国有经济的优越性及全局性贡献。

第四，改善收入分配与再分配相关制度，打造“橄榄型”现代社会结构。

科学、合理、公平的收入分配制度是国家长治久安的保障。必须看到我国长期以来存在的收入分配矛盾问题成因复杂，不可能通过实施某种专项、单项的改革达到“毕其功于一役”的目的。但总体来说是两句话，一是初次分配要侧重于讲效率，二是再分配要侧重于讲共富。在初次分配领域，政府要维护产权规范与公平竞争的规则与环境，尊重、培育和健全市场的资源与要素配置机制，合理调节各地最低工资标准和适当引导企业劳方与资方在工薪分配上的集体协商等，促进社会资源的优化配置和社会财富的最大涌流。在再分配领域，一是建立健全我国税收制度的收入调节功能，坚定地逐步提高我国直接税比重，开征房地产税、改革个人所得税，研究开征遗产和赠与税；二是完善我国社会保障制度，力争在“十三五”规划期间实现基础养老金全国统筹，建立兼顾各类人员的养老保障待遇确定机制和正常调整机制，发展企业年金和职业年金，加快健全覆盖全民的医保体系，加大保障性住房的供给规模并优化供给机制；三是改革转移支付制度，增强其平衡区域收入差异、人群差异的调节功能，如加大对中西部地区特别是革命老区、民族地区、边疆地区和贫困地区的财力支持，加大教育、就业、扶贫开发等支出，加强对困难群体救助和帮扶，大力发展社会慈善事业等；四是消除部分行业的过度垄断因素，提升相关收入分配制度规则的透明度；五是加强对非工资收入和财产性收入的引导和管理，严厉打击贪赃枉法、权钱交易、行贿受贿、走私贩毒、偷逃税收等相关的黑色收入，同时清理整顿规范种种“灰色收入”——其中合理的、需修正的，都应阳光化，不合理的则应予以取缔；六是积极推进官员财产报告与公示制度的改革试点；七是在管理和技术层面加强“问题导向”，有针对性地解决诸如国家特殊津贴专家标准严重不一等遗留多年的问题。分配调节的导向，是逐步形成中等收入阶层成为主体的“橄榄型”现代社会结构。

第五，以满足公共服务需求、优化结构和调动潜能为大方向，积极理顺基础资源、能源产品比价关系和价格形成机制，积极实施选择性“有效投资”和PPP机制创新。

针对我国基础资源、能源产品的比价关系和价格形成机制的严重问题，要抓住煤炭资源税从量变从价改革已形成框架、电力部门改革已有部署的时机和基础，以“从煤到电”这一基础能源链条为重点，攻坚克难实行理顺比价关系和价格形成机制的配套改革，以利内生、长效、全面地促进全产业链节能降耗和释放市场潜力。

在优化供给侧环境机制的同时，必须同时看到，由于我国仍然处于城市化进程的中期，政府投资部分仍然有可以作为的广阔空间。在经济下行中，结合优化结构、提升发展后劲、改善民生等需要，应积极考虑加大选择性“有效投资”（即可以增加有效供给的“聪明投资”）的力度。其投入要素又正是我国现成的所谓“过剩产能”的一部分，并吸收和消化相关的劳动力、施工力量与管理力量。投资选择的对象，首先可包括新型城镇化与城乡一体化建设中的基础设施，如一大批中心城市的交通、公用事业基础设施的升级换代、城市管网更新扩建（“综合管廊”模式）、“海绵城市”建设、区域交通互联互通、全国大江大河治理、农田水利设施建设与整修等；其次应考虑产业领域，如以节能降耗减排为特征的示范园区和示范项目建设、重点企业的技术改造、各类生产性服务业等；再次是环境领域，不仅需要加快水体、大气、土壤的污染治理，而且需要加快优化能源供给方式，调整能源、资源利用的结构和技术路线，大力加快煤炭清洁利用的设施投资建设，加快发展地铁、轻轨等综合性快速公共交通，加快污水处理厂、垃圾处理厂等环保设施建设，多措并举加快节能减排降污；最后是民生领域，如未来几十年内将需求激增的健康养老产业、仍存突出结构性供给矛盾的教育、以“住有所居”为目的的棚户区改造、公租房、共有产权房等保障性住房供给，各类以满足人民群众日益增长的文化、体育需求的设施建设与产业开发，等等。这些基础设施、公共工程项目，都应充分注重以有限的政府财力通过 PPP 机制发挥“四两拨千斤”的放大效应和乘数效应，拉动民间资本、社会资金合作供给，并提升绩效水平。

多规合一，规划先行

全面、协调、可持续的发展，需要高水平的规划。政府牵头提供的这种“规划的供给”，是供给管理与供给体系的极为重要的内容。

所谓规划，首先就是从地上地下大系统的空间结构入手，通过组织供给来处理生产力结构和社会生活结构中区别对待和通盘协调问题的解决方案。我们认为这实质上就是形成综合要素供给体系必须前置的规划供给，并以其带出供给管理的全过程。新古典框架主要通过对交易的地理模式、交易效率及分工水平之间关系的研究，阐述了城乡之间人的“自由迁徙”的重要作用。而运用新供给经济学分析框架，看待布局不合理所带来的经济社会问题，一般在很大程度上都带有突出的结构失调特征，仅仅通过需求侧的总量调节势必收效甚微，尤其是城镇化进程中产生的瓶颈制约，只有通过供给侧有针对性的管理举措，内含于具有统筹安排全局要素功能的顶层规划，才能解决这种结构性问题。在国土开发中由于“地皮”独占性所带来的自然垄断因素，客观地要求政府以规划这种“供给管理”手段防范、摒除空间布局优化上的“市场失灵”。中国“三步走”现代化赶超战略的指导下，经济历经 30 余年高速增长，先行的工业化与相对滞后的城镇化的基本国情及其相关的复杂的结构性问题，也势必赋予规划更多供给管理的属性。

从国内视角看来，中国目前规划前瞻性不足、水平不高的表现及影响值得高度重视，经济赶超战略下的城镇化与城乡一体化对顶层规划具有迫切要求，顶层规划的过程实质上正是供给管理的过程。从国际视角看来，世界范围内典型地区和城市的规划提供的实践案例（巴黎、巴西利亚、日本）

均已表明，无论城市规划、都市圈规划或是区域规划，规划先行下“多规合一”的顶层规划都应成为供给管理的重要原则与手段，这样才能通过要素供给的优化配置切实缓解经济增长和发展过程中产生的诸多结构性问题。

基于此，我们主张，中国现阶段必须先行且走向“多规合一”的顶层规划，至少应考虑环境、层次、逻辑和模式四个方面。落实到供给管理的对策建议层面，依次为：实现法治框架下的规划先行；开展多轮针对结构性问题的顶层规划；把握“多规合一”内在联系逻辑；锁定不同发展阶段每轮顶层规划的主要矛盾等四个方面。

第一，环境：实现法治框架下的规划先行。

规划必须从全局、长远视野注重经济社会发展的生态演进，发展中经济体更应注重践行经济追赶—赶超战略过程中城镇化与加速工业化匹配方面特别应当打出的“提前量”。这种前瞻性之意，并非在于所有规划都要在精确科学预测下做到丁一卯二、严丝合缝，而是科学地打出有弹性的“提前量”。这就要求法治框架下授权于政府牵头编制的顶层规划，一方面做到避免规划中缺乏前瞻性和提前量导致很快出现严重供给短缺所引发的试错式沉没成本，另一方面做到可放可收。例如巴黎虽然在 1966 年规划前期进行了人口预测，从而划定了巨型规划区域范围，但实践中，1969 年突然爆发的经济危机和人口变化使原计划不得不重新调整，8 个新城中的 3 个被取消[①]，其余的也相应缩小了规模，这样的调整并没有对整体规划造成过大的影响或阻滞，通盘规划只是缩小规模，而大部分综合功能仍然得以实现。

经济社会发展尤其是其高速发展进程中，最大限度上避免“试错—改错”巨大社会成本的保障条件，就是“规划先行”，所有项目建设都应当建立在具有前瞻性，力求高水平的科学规划基础之上，法律所规定的规划权的行使，决不能独断专行、率性而为、朝令夕改。顶层规划关系一个经济体通盘的经济增长和社会发展，尤其可说是关系到发展中经济体能否实现赶超战略目标，具体内容涉及一个经济体国土范围内从城市到农村的所有区域，在落实中涉及土地开发利用、生态环境、文教卫体、交通、市政、水利、环卫等各行各业各个方面。

第二，层次：打开制度结节，有序开展先行的多轮顶层规划。

现阶段，中国尤其应当在多轮顶层规划开展之前打开行政审批制度结节，达成“多规合一”的合意结果。截至目前，

① ［英］彼得·霍尔．明日之城：一部关于 20 世纪城市规划与设计的思想史［M］．童明，译．上海：同济大学出版社，2009：361.

“行政审批制度改革”显然已经涉及更深层的系统性体制性问题层面，要从“减少审批项目的数量”推进至“真正使审批合乎质量要求”，真正达成法治化、系统化、标准化、信息化、协同化、阳光化，就必须结合“大部制”改革，实现政府职能机构的协调联动。除了提高行政法制程度，顺应精简机构的要求之外，更要扩充动态优化设计，以后择时启动整个“大部制”框架下的、行政审批的国家标准化工作，联通“规划先行，多规合一”相关工作的开展。多年来相因成习的由不同部门分头来处理的国民经济发展规划，形式上可以具体化到国土开发、城乡建设、交通体系、环境保护、产业布局、财政跨年度规划等等，这些都应该纳入“多规合一”的综合体系，并基于全国统一的行政审批信息数据库和在线行政审批平台里的有效连通，矫治多部门管规划、“九龙治水、非旱即涝”的弊端，提高政府决策的信息化和整合水平，并实现业务流程的优化再造。这样一个系统工程，不可能毕其功于一役，需要有序推进。

经济社会是不断发展变化的，城市规划和区域规划，某一次的规划都做不到一劳永逸。尤其就中国的经济社会发展现状而言，所有发展中出现的矛盾和问题亦不可能通过某一次顶层规划全部解决，势必要通过动态处理结构性问题的多轮顶层规划逐步落实、解决。但每一轮顶层规划都应当建立在基于现状对未来进行力求科学预测的基础上，应积极利用先进信息技术（例如：云计算和大数据）进行国土开发的空间功能预测、人口预测、产业发展及结构变动预测、资本增长及流动预测、各项需求及其供给回应的预测等，对人口数量和结构、产业总量和结构、环境压力和制约等等做到心中有数，再将这些合理地打上“提前量”纳入城建、交通、文教卫体、市政、水利、环卫等方面规划的考虑，从而最大限度上避免沉没成本的发生，指导各种要素有序流动与功能互补，提高增长质量、社会和谐程度和发展可持续性。

第三，逻辑：基于要素分类对“多规合一”的内在把握。

立足于中国目前所处的中等收入发展阶段，沿经济增长与经济发展这一线索思考，如何通过顶层规划实现供给侧各项要素安排的统筹协调、结构优化，是“规划先行、多规合一”的目标所在。经济增长要素可分为竞争性要素和非竞争性要素，前者包括土地、劳动力和资本，后者则随第三次科技革命的爆发在以往所强调的技术和制度基础上，增加了信息。除了这些经济增长的动力要素以外，某一经济体发展过程中还存在制约要素，主要包括财政三元悖论制约、社会矛盾制约、资源能源制约、生态环境制约等。顶层规划，显然就是将以上经济增长要素与经济发展制约要素全部纳入系统考虑的、一种通过供给管理实现供给侧优化从而促使经济活力最大化的手段。竞争性要素具有效用分割式专享、仅供有限使用的特点：土地要素总量固定、可流转其使用权但不可流动其形态；劳动力要素可流动、有变化，但其变化具有代际特性与职业黏性；资本要素可变化且可流动，但“一女无法二嫁”。特别值得注意的是，在经济增长中，土地要素对经济增长产生贡献的效应往往与交通网络有关，交通网络越发达，土地要素对经济增长做出有效贡献的能量（经济上可量化为“级差地租”）就越大。科技创新与制度供给，则大体或完全属于效用不可分割，受益无竞争性的“公共产品”。随着经济发展，无论采用发展经济学中所强调的弥合二元模式的城乡一体化这一说法，还是采用规划学中所强调的区域性、大都市圈或城市群这一说法，都是体现城市自身形态的升级，而这一升级于经济增长的要素支持效应方面，实际上就是特定国土空间上环境承载能力、多元要素流通能力、合意配置能力等等实实在在得到的提升。除了数量增长以外，国内外经济学家持续追踪的研究已经不断印证和揭示着非竞争性要素的重要作用，以技术、制度和信息构成的非竞争性要素更多决定着质量增长的实现。技术的发明创造即人们所称的创新，其主体正是劳动力（人力资本）要素，在国内外学者对城市的相关研究中不难发现一个共识，那就是人与人思想交流碰撞中产生的智慧火花通常是创新产生的先决条件，而顶层规划下制度的通盘安排实际上决定着这种碰撞产生的概率，信息互联互通的程度则决定着多大范围内的智慧可以出现碰撞和同一范围内的智慧可能产生碰撞的次数。最后，经济发展的相关制约要素则决定着经济增长要素在多大程度上能够顺利发挥作用，顶层规划中应当尽量通过合理的供给侧安排，缓解经济增长可能遇到的制约因素。

我们现所强调的“多规合一”，实际上包括国民经济和社会发展规划、城乡建设规划、土地利用规划、生态环境保护规划以及文教卫体、交通、市政、水利、环卫等专业规划，即专门规划涉及的方方面面。比如，城市通盘规划中的交通规划决定着城市的运转效率。由于能够切实缩短空间距离，城市交通规划同时也是都市圈、城市群规划是否能够合理设计的关键所在。城市生态环境规划目标在于通过规划实现人工生态、自然生态、环境保护与经济发展的有序组合和平衡，在稳态中实现城市和谐、高效、持续发展。这种城市生态环境规划在工业化时期，首先是体现制约特征，因为生态环境达标是劳动力再生产和社会成员生存与发展的基本条件，是不能击穿的底线，在后工业化时期，则颇具更高层次、人文、品位追求的特征（如“望得见山，看得见水，记得住乡愁”）。

第四，模式：锁定不同发展阶段每轮顶层规划的主要矛盾。

经济社会发展的不同阶段，其所面临矛盾的紧迫性会有所不同。“多规合一”的顶层规划下，每一轮顶层规划都应当首先锁定解决当时面临的主要矛盾。经济发展实践从国外经验来看，首先应当解决的矛盾，就是在原有产业布局基础上进行均衡性区域规划。就中国现状看，东南沿海以长江三角洲、珠江三角洲为代表的工业地带已然形成，东、中、西部发展不均衡、城乡发展不均衡。顶层规划首先应当考虑的是工业化相对落后地区增长极的培养、工业化中等发达地区城市点的扩大以及工业化发达地区城市辐射力的增强，这势必要求通过国土规划、产业布局规划、交通规划、环保规划及专项规划的合理衔接、合理搭配，形成有效的合力。中国广袤土地上，经济发达程度还没有达到所有城市点能够广泛实现便捷连接的阶段，势必要针对工业化程度不同的区域进行规划重点的区别对待。

针对工业欠发达地区，可启动依托当地资源禀赋建立差别化工业基地的规划项目，工业化水平的提升势必吸引更多人口入驻目标城市，因此目标城市应根据工业、产业发展规划预测未来的人口增长、收入增长，并针对劳动力数量、人口结构及居民收入的预测，有针对性地配以交通、文教卫体、市政、水利、环卫等方面的专项规划。

针对工业化中等发达地区，可启动以几个“城市点”共同带动“城市面”的一体化规划发展。这一轮顶层规划，是基于由几个“城市点”所划定的大区域共同构成“都市圈”，而其最终追求的发展目标则要形成“城市群”式的均衡发展。以中国现阶段经济社会发展的案例观察，“京津冀”一体化就是这一阶段必须优化顶层规划的典型。北京“大城市病”已非常突出，其周边的河北地区在全国范围内却甚至属于落后区域，这一类型的顶层规划，应特别注重“网络”和“网状结构”这一概念的应用和落实。交通运输网络是“一体化”规划中的首要关键，地铁、公路、城际铁路等的供给全面跟进，能够实实在在地缩短附属中心与原城市中心之间的空间距离。就中国目前通信网络、物流网络已然全面建立且正趋健全的状况看，是否能够如愿建立高速便捷的交通运输系统，落实到居民交通成本的降低，是“一体化”式顶层规划能够合意实现的必要条件。从空间经济学和制度经济学原理所阐述的交易费用成本和红利来看，对于原本住在大城市的居民而言，红利是远远大于成本的；此外，就发展经济学所强调的发展和改革释放的红利而言，大城市的居民能够更快、更多、更好地享受，也是人口集中于大城市的重要原因。然而，如具体讨论人口已达 2300 万以上的北京市，城市运转中所面临的交通问题绝非再建几条环路可以解决的，势必要突破现有格局，建立“大首都圈”，以北京市、天津市为点，以外围的河北省为一体，在顶层规划中确立卫星城式的“副中心”所在地、所承担职能等等，在既有信息网络、物流网络的基础上，首先通过高速交通运输体系的落成提升“京津冀”区域空间上的整体性，缩短“副中心”、边缘区与主城中心的空间距离。与此同时，应当在“副中心”等区域全面落实国土规划、产业规划、功能区规划、公共交通规划、住宅区规划等一系列规划有机结合的顶层规划，完成新城建设。在这一点上，中国“京津冀”一体化进程其实颇具与巴西利亚建设相类似的优势，河北地区作为北京和天津两大直辖市的外围，一直以来发展相对落后，固安等连片开发的快速发展与原有开发不足直接相关，也显示了超常规改进的潜力。疏解首都非核心功能给出旧城改建的较大空间，有利于科学、合理的顶层规划下城市群综合功能的实现。在新城建设的过程中则应当特别注重为未来发展预留动态优化的空间，同时可在预算约束线以内尽量高水平地加入对建筑设计规划、自然生态规划与人文保护规划的创新。

针对几大片工业化发达地区，应在着力推动产业结构转型、优化升级的过程中，灵活掌握因地制宜的都市圈、城市群规划模式，以最大限度地扩展这些地区的辐射面，提振大都市圈以及大都市圈构成的城市群模式下产生的聚合效应。

现代城市的产生和发展是生产力不断集聚的结果，城市在诞生伊始数量少，相互之间影响小，而随着城市自身规模扩大、数量增多，已形成或未形成都市圈的几个甚至更多数量的城市，在地理区位、自然条件、经济条件、贸易往来、公共政策、交通网络等多重作用因子下，会逐步发展形成一个相互制约、相互依存的统一体。中国目前较为典型的城市群包括沪宁杭地区、珠三角地区、环渤海地区等，这些区域已经客观上强烈要求的“一体化”态势，需在进一步发展中，高水平地制定区域层面贯彻总体发展战略的顶层规划，把在区域内会产生广泛关联影响的产业发展、基础设施建设、土地利用、生态环境、公用事业协调发展等方面的规划内容有机结合。这是政府“理性的供给管理”所必然涉及的一个管理创新任务。

结　语

“供给侧改革”现已成为各方热议的一个主题词。推进供给侧结构性改革，事关我们如何认识、适应并引领经济增长“新常态”而对接“全面小康”和“中国梦”这一全局。

从概念上讲，“需求”和“供给”是经济社会中相反相成的一对概念，政府的调控职能，就在于怎么样实现总需求和总供给的动态平衡。在调控的“技术路线”上，过去就已很清楚地区分为需求管理和供给管理，而现实生活中经验比较丰富、比较成熟的主要是需求管理，它属于总量型，指标是单一可通约的，就是掌握整个市场中的流动性，以对银根的抽紧或者放松、总需求的抑制或刺激来实施反周期操作。中国改革开放后，特别是邓小平“南方谈话”确立市场经济目标模式之后，也在这方面积累了相对丰富的反周期的需求管理调控经验。

然而过去中外从理论到实践，应该讲长期忽视了供给管理，虽然必定会有所涉及，但是认识很不系统。过去中国的政策实践中已多次强调过“定向宽松”，所谓“定向调控”，这说的是什么？绝对不是讲需求管理，而是属于供给管理的命题。供给管理中的结构特征是非常鲜明的，指标复杂得多，绝对不是需求管理中单一货币供应量值和有效需求量值的指标，涉及各种各样的结构问题和区别对待、突出重点、兼顾一般的权衡问题。尽管理论界过去的分析认识还相当薄弱，但可观察到的调控实践中间的供给管理经验总结却不可回避——事实上，美国人在自己的金融创新走过了头，引发次贷危机、金融海啸、最后冲击全世界的金融危机之后，在应对危机中跳出主流经济学教科书框架而实行了区别对待、突出重点的供给管理措施，最关键的是运用公共资源对花旗、“两房”注资，一直走到对实体经济层面的通用汽车公司注资，极大地扭转了市场预期，带来了以后使全局稳定下来的走向复苏的新阶段。现在美国已告别量化宽松，进入了升息轨道。中国这几年在积极探索货币政策的所谓总量型政策工具的结构化运用方面，也体现了过去需求管理所不能够解释的政策要点，财政政策方面更是不得不特别注重和多次强调结构优化问题。

从基本原理来说，需求是经济生活中的原生动力，但供给侧对需求侧的响应机制及其特征，却恰恰才是划分经济发展的不同阶段、不同时代的决定性因素。以供给侧视角看人类社会发展，从人与物关系形成的生产力角度和人与人关系形成的生产关系角度，都可以合乎逻辑地看出，实际上人类社会一步步发展起来，就是在人必然有的需求要得到满足这样一个原生动力之下，在供给侧会不断对需求做出响应，而这种响应机制必然在创新中间一步步地向前走，也一个台阶一个台阶地往上走。所以一开始人类脱离动物界，是以采集和狩猎为供给特征的最初阶段，后来上升到农业文明、工业文明，工业革命后又经历蒸汽时代、电气时代、自动化机械时代，而现在我们是处于信息革命的高新技术时代，是以互联网为标志的新产业革命时代，这都是供给侧的创新，使我们一个一个阶段发展起来。生产力的特征和根本上由它决定的生产关系特征，依学理分析，都是发生在供给侧，生产力里面的劳动力、劳动对象和劳动工具，都是供给体系中不同要素的结构性划分，更有现实生活中的产业结构、区域结构、组织结构等等——我们必须处理好诸如此类的结构问题，而生产关系，更是所谓结构性改革要处理的制度供给如何有效与优化的问题。

对于中国来说，作为转轨的经济体，要实现现代化，关键的供给首先就是制度供给，改革就是要解决以“生产关系的自我革命”解放生产力的问题。我们过去在需求管理中有“三驾马车”这样的认识，其一定意义上的积极贡献，就是把需求这个总量型管理问题开始结构化了，但是结构化的逻辑在需求侧无法展开和完成，必然要传导、转移到供给侧，并完成供给机制和整个供给体系构建问题。过去人们一向注重需求管理，所内含的理论假设是供给侧环境为完全竞争，由市场自发解决结构问题，但恰恰实际生活表明，完全竞争理论假设在现实中必须做矫正还原，考虑不完全竞争的市场中怎样理性地加上政府的结构优化政策措施，以合理促进资源配置优化——这一新认识框架客观上所要求的，总体而言，是既避免市场失灵也要遏制政府失灵，这当然就复杂得多。新供给经济学的理论创新努力，是在供给侧打通物质生产力和人际生产关系的视角，把制度创新、管理创新、技术创新的互动与结合处理好——中国现在最主要的发展理念、排在第一动力位置的创新驱动，实际上就是要把制度创新、管理创新、技术创新相结合，而三层互动里面最关键的，是要把握好以制度供给为龙头的全面改革阶段的攻坚克难。

当下中国的供给侧改革概念，直接对应了对现在的“新已明朗、常未实现”的新常态怎么样认识、适应和引领的问题。在这个引领方面，我们主观可为的有统领意义的事项，是党的十八大以后，党的十八届三中全会、四中全会、五中全会一路走来，依据最高决策所要求的全面改革、全面依法治国和体系化的现代发展理念，如何通过供给侧创新为主的系统工程实现新一轮生产力的解放。所以，从基本、核心的理念上讲，所谓供给侧改革，实际上强调的就是改革为统领、结构优化为着眼点、使供给体系质量效益提升、在深化改革中解放生产力的系统工程。经济增长中间“中高速”的直观表现到底是7%左右，还是6.5%左右，不是关键——虽然“十三五”规划期间需要年均GDP增速6.52%以上，才能对接全面建成小康社会指标，但真正关键的是在底线守住的时候，还一定要追求经济增长质量提高，还要形成长期发展的后劲。这样的供给侧视角，又明显不同于需求管理的年度短中期视角，必然追求短期与中长期的衔接、追求实现长期的战略性的目标。所以我们认为，党的十八大以来中央决策层的精神实质，是在2020年全面建成小康社会同时，还必须使三中全会以来部署的顶层规划中的改革任务，取得决定性成果——换句话说，相对容易实现的全面小康，如不匹配上全面改革取得决定性成果，这个全面小康的价值会大打折扣，因为全面小康只是中国梦实现过程的一个节点，关键在于形成后面的可持续性和发展后劲。

以上这些应属于对中国供给侧改革的基本理解。具体分析有更丰富得多的内容：本书中我们已说明，供给侧至少有五大要素，即劳动力、土地和土地代表的自然资源、资本、科技创新、管理与制度。对这五大要素，国际经验分析和中国实践都可以认证，在一个经济体的起飞阶段，在进入中等收入阶段以前的发展过程中间，前面三项更容易体现出支撑力，更容易发挥动力作用——中国就是这样：一旦进入改革开放新时期，经济建设为中心，大量农村剩余劳动力形成的低廉劳动成本一直支持我们发展到世界工厂；传统体制下土地资源开发没有与市场对接，而一旦对接，无价变有价，低价变高价，物质利益驱动下，展现了生机勃勃、生龙活虎的发展进程；再看资金与资本，原来我们自己严重匮乏，靠引进外资，同时带来了管理和技术，于是支撑了我们的发展，使民间资本完成原始积累以后又迅速雄厚起来，现在规模已相当可观——但这些在后来又迎来了一系列挑战：劳动力方面现在看到了原来的人口红利迅速消失，变成招工难、用工贵、民工荒，劳动成本不断升高——这表明中国的人均收入提高过程中低端劳动者收入这几年比总体提高得更快一些，正面说是好事，但负面说，同时必须注意到这也就是我们原来一个重要的相对优势的丧失，因而我们的传统制造业不得不往外转移。与此同时，地方政府“土地财政”问题、扩大建成区的征地拆迁补偿等方面越来越多的问题，以及自然资源粗放使用已不可持续的问题等等接踵而来，在这前面两项因素的支撑力明显下滑的同时，现在中国资本运用的突出问题变成了大量资本在寻找什么是合适的投资对象，常规投资项目的边际收益递减已经普遍化地摆在我们面前。所以要引领新常态，我们必须更多地打后两项的主意：科技是“第一生产力”，从邓小平的判断到我们的学理论证，都可知科技是以走创新型道路产生生产力乘数效应的供给侧最重要动力来源之一；同时中国特别要以制度方面的变革，打开千千万万的企业、事业单位科技人员聪明才智与潜力活力释放的空间，这是中国最主要的“最大制度红利”命题。从这个意义来讲，制度这个要素甚至要高于技术。总之，五大要素后面这两项的文章，要全力做好做足，以新的动力体系支持我们冲破一系列供给约束、供给抑制——这就是供给侧改革所追求的全要素生产率提高和生产力整体跃升新境界，是支持我们在实现“全面小康”后，跨越“中等收入陷阱”，最终实现伟大民族复兴“中国梦”的最关键的动力机制。

在研究过程中，我们最为深刻的体会，是经济学“理论密切联系实际”的必要性和重要性。新供给经济学是在中国本土研究者所抱有的家国情怀与创新追求中产生和发展起来的，致力于不负时代呼唤而有所作为，实实在在地做到胸怀世界、脚踏实地，在“不唯上、不唯书、只唯实”的道路上以有质量的学术研究为中国与世界的经济发展、社会进步服务。基于这样情怀创立的新供给经济学，其理论框架和相关研究远非完美，而且就“供给侧”改革所针对的结构性问题，放眼中国经济发展的中长期，尚有太多复杂问题有待深入研究。尽管如此，我们仍欣慰地看得见现有研究成果对中国科学决策已形成的参考价值，以及世界范围内经济学者对其的关注与研讨。我们期待着怀抱“经世济民”情怀的新供给经济学研究群体以及学界所有有志、有识之士，能够在合作研讨中继续将经济学研究推向更深入的层面和更具“学以致用”水准的境界，努力实现更多更好地为经济发展与社会进步服务的夙愿。

附录1

关于新供给经济学五问五答

2015 年 11 月召开的中央财经领导小组第 11 次会议，首次提出“加强供给侧结构性改革”。这些年，你一直在研究、倡导新供给，我们很想知道，你个人如何看待此事？

贾康：应该说，这次会议提出“加强供给侧结构性改革”这样的概念，不仅对于作为研究者的我个人，而且对于我国的新供给经济学研究群体来说，都具有特殊意义。

客观上，这当然也是对于新供给研究群体多年来研究努力的一次充分肯定，和今后进一步深化研究的重要指导，新供给群体理应更加努力地做好智库研究工作。

2011 年初，你和其他六位学者发起成立了“新供给经济学研究小组”，开始探究、构建新型经济理论。当初你们的动

议是什么？为什么会想到研究供给？

贾康：当时，中国在应对世界金融危机中的表现和经济率先回升的成绩，引起全世界瞩目。而与此同时，关于中国特色的经济社会发展道路的思考，以及深入研究全面深化体制改革的顶层设计与总体规划的现实要求，也成为思想界的热点。

20 世纪至今波澜壮阔的世界与中国经济社会的发展实践，带给我们丰富的启示和一系列亟应正视的经济学研究课题。我们认为，在世界金融危机发生后对于经济学理论和调控经验的反思中，从宏观经济“需求管理”的局限性与“供给管理”的必要性引发的相关认识，具有不可忽视的理论创新内涵和重大现实意义。

我国未来的发展将面临来自内部和外部两方面的减速压力，经济可持续快速发展的难度显著加大。

从内部因素看，高速增长是后发经济体在特定追赶时期的一种增长形态，随着与前沿国家技术差距和其他相关要素、机制差别的缩小，中国经济增长速度将规律性地向成熟经济体的水平逐步收敛。这种意义上的收敛虽然将横跨较长时期，但增长速度由峰值水平转折性地回落，已经开始表现为走向“新常态”。

从外部因素看，自 2008 年全球经济危机爆发以来，尽管美国、欧洲、日本等经济体采取了以宽松货币政策为核心的宏观经济政策，历经数年虽然在局部及个别时段有一些积极信号，但总体形势依然复杂严峻。这一方面表明，欧美近几十年的主流经济学派专注于从需求侧入手调控经济的思路已面临步入穷途的窘境，需要深入反思；另一方面也表明我国以欧美日的需求带动出口，进而带动经济顺利增长的模式，在可预见的未来将不可持续。

增长速度回落时期既有严峻挑战和风险，也蕴藏着重大的机遇。一方面，倘若不能正确认识潜在增长率的应有水平，而一味通过政策刺激追求经济高速增长，则很可能重蹈日本泡沫经济的覆辙，导致经济大起大落，特别是这一过程还可能与矛盾凸显期的“中等收入陷阱”式风险叠加。

另一方面，更要看到这个时期，尤其是未来十年，中国所面临的重大历史机遇和所具备的巨大发展潜力、韧性和回旋余地，仍与供给方面的特殊国情、特定转轨、特色化结构变迁有关，即以生产关系的自我调整继续解放生产力，以体制改革促进结构优化和经济发展方式转变，充分释放制度供给潜力，进一步激发全体社会成员参与发展进程的活力，在中等收入阶段培育起以创新为龙头的接续增长动力，继续促进全要素生产率稳步而持续地提升。

没有洞悉规律、“对症下药”的经济理论做指导，就不能保证正确的改革路径。改革是人心所向，但怎样改革成功，在很大程度上缘于较充分的理论准备。为此，我们认为中国应该构建促进“解放和发展生产力”、促进总供需平衡和结构优化、增长方式转变的“新供给经济学”，并作为贯彻落实党的十八大以来提出的战略部署，指导中国未来可持续发展的经济理论创新贡献。

因此，我们组建研究团队，并提出“新供给经济学”，目的就在于构建着重从供给侧发展实体经济、促进就业的核心理念和政策取向，期望我们的研究不仅对中国有重要意义，对促进亚非拉发展和欧美走出危机也有积极意义。

2013 年，华夏新供给经济学研究院成立。这是不是意味着你们的研究得到了更广泛的认可和支持？

贾康：华夏新供给经济学研究院是由我和白重恩、王庆等 12 位学者发起设立、经政府管理部门批准成立于 2013 年 9 月的民间智库组织，现任理事长为民生银行洪崎董事长。人民银行金融研究所所长姚余栋、民生银行研究院院长黄剑辉等都是研究骨干。研究院旨在推进“以改革为核心的新供给经济学”的研究，秉承“求真务实融合古今，开放包容贯通中西”的精神，基于全球视野和时代责任感，以“责任、专业、团结、创新”为文化，以“人才是核心，研究是基础，社会效益是追求”为理念，践行勤勉奋进的“梅花精神”和开放包容的“牡丹精神”，打造学习型组织和创新型团队，通过构建跨界合作的“中国新供给经济学 50 人论坛”，努力建设具有高学术品位和社会影响力的中国特色新型智库。已有百余位经济学家、实业家、金融界精英和媒体人士加盟的新供给研究院的研究团队，通过新供给双周学术研讨会、《中国 2049 战略》圆桌、新供给金融圆桌以及新供给年度重点课题研究等活动，致力于经济学理论的不断发展创新，对中国改革开放予以理论阐释和提出积极建言，持续推动中国经济改革和发展实践，为中国和世界经济繁荣和社会进步竭尽所能。

华夏新供给经济学研究院和中国新供给经济学 50 人论坛两年多来的发展中，一方面体会到社会各界对新供给研究的认可和支持，另一方面也成为中国新供给经济学研究的重要平台和支点，聚合各方面的资源共同努力，促进新供给经济学的研究迈上更高台阶。

除了华夏新供给经济学研究院外，国内还有哪些主要的新供给学派学者？你们之间是如何互动的？有无分歧？

贾康：目前，“中国新供给经济学 50 人论坛”已经通过论坛成员、特邀研究员等方式，聚拢了除我们新供给研究小组早期七位专家之外，包括决策机构、知名高校及智库学者、金融机构首席经济学家、投资机构负责人等在内的诸多学者，总人数已经超过百人的规模。较早提出“新供给主义”的万博经济研究院院长滕泰也是我们的成员。

我们通过新供给研究院和论坛等开放平台，以公开讨论、邮件沟通、微信群交流等多种形式交流互动，还不定期出版成员研究成果形成的文集，通过各种渠道进行开放式的讨论和学术活动。

这个平台在过去的两年多里显示出较好的凝聚力，也产生了许多很有价值的成果。同时，由于大家基本上都接受新供给经济学的创新方向和主要思路，因此可以说并不存在根本上、理念上的分歧，但不排斥学术观点上的百花齐放、百家争鸣，这样也能够更好地推动新供给经济学的研究发展。

这些年，你们是如何与高层互动并最终影响到高层决策的?

贾康：我们新供给经济学研究群体成立以来，基于努力深化的基础理论研究，一直强调理论密切联系实际，主动向中央决策层、各主要部门上报研究成果，同时在公众媒体、学术期刊上发表相关文章。在研究院成立以后，保持每月至少举办一到两场公开的研讨会，通过公众渠道发出我们的研究信息和呼吁。我们还有“新供给”书系的多本著作陆续出版。

我们深知自己的努力和研究不是为创新而创新，决非急功近利和浮躁之举，而是为了适应时代发展的客观需要和恪尽研究者应尽的社会责任，同时也对已有的和将有的研究成果的质量抱有信心。所以，我们的成果与主张如能为决策的优化起到一些参考作用，是合乎逻辑的，也是令人欣慰的。当然我们的力量毕竟有限，只是希望起到研究者的建设性促进作用，坚持不懈地为改革发展和现代化伟业添砖加瓦。

附录2

供给侧改革五题

如何理解“供给侧结构性改革”？

贾康：世界金融危机之后，对于传统的经济学理论框架和宏观调控“需求管理”为主实践经验的反思与“理论联系实际”的创新努力，已引出了对于“新供给经济学”理论创新和“供给管理”调控与供给侧结构性改革前所未有的重视。中国在认识、适应和引领经济新常态的当前阶段，迫切需要建构经济增长的新动力机制。传统的需求管理“三驾马车”框架下，显然其所强调的消费、投资和出口需求三大方面的分别认知，只有联通至消费供给、投资供给和出口供给，才有可能对应地成为各自需求的满足状态，其中蕴含着由需求侧“元动力”引发的供给侧响应、适应机制，即其相关的要素配置和制度安排动力机制的优化问题，这些又必须对接党的十八大以来全面改革和全面法治化的通盘部署。在党的十八届五中全会之后，决策层已明确表述了“释放新需求，创造新供给”和“着力推进供给侧结构性改革，着力提高供给体系质量与效率”的指导方针。

我所在的中国新供给经济学研究群体已努力进行了多年的供给侧研究。供给侧动力机制带有非常明显的结构性特征。与需求侧指标的均质、可通约明显不同，供给侧的产出千差万别，作为指标不可通约的产品和服务，以及以各种特色表现的必须具体设计、不宜简单照搬的制度供给，其优化会产生“供给创造自己的需求”的巨大动力和“解放生产力”的巨大“引擎”与“红利”效果。总体由市场“优胜劣汰”检验的“物”的供给能力的竞争，也相应地呼唤着与之匹配的“人”的利益关系视角上制度安排供给优化的竞争。只有通过上述这种对需求侧“元动力”做出响应的供给侧结构性动力机制的优化构建，我们才能促使经济增长的“动力体系”浑然天成又升级换代。

我们认为中国最根本的改革开放大政方针下的转轨，首先是作为一种制度供给，支持了中国前面30多年所取得的成就，但是进一步深化改革的任务又异常艰巨。当前，我国经济仍然面临严重的供给约束和供给抑制，是我们在改革深化中所必须解决的、实质性的供给侧创新的“攻坚克难”。支持经济增长特别是长期增长的要素，所谓“动力源”，在理论上分析主要是五个方面：劳动力，土地和自然资源，资本，科技创新，制度。主要的国际经验都表明，各个经济体在进入中等收入阶段之前，前面三项（劳动力，土地和自然资源，资本），对经济增长的贡献容易比较多地生成和体现出来。一般经济体在发展过程的初期与“起飞”阶段中，强调所谓“要素投入驱动”，体现为粗放发展，是和这有关的。在进入中等收入阶段之后，后面两项即制度、科技和管理创新方面，可能形成的贡献会更大，而且极为关键。时下热议的所谓“全要素生产率”，主要就是指后面这两项能够给予的新支撑。所以，中国新时期的增长动力构建，实际上是工业化、城镇化、市场化、国际化、信息化，加上政治文明概念下的民主法治化的发展过程。经济生活中的供给侧五大要素，需合乎规律地优化构建混合动力体系。结合我国的实际情况，这几大要素都存在明显的供给约束和供给抑制，需要通过全面的制度改革化解制约，特别是使后两项要素更多贡献出对前三项要素的动力替代效应，进一步释放经济社会微观主体的潜力，提高经济增长活力，也即所谓的“供给侧结构性改革”与“提高全要素生产率”，落在提升供给体系的质量和效率上。

如果稍微展开一下，从人口和劳动力角度看，劳动力成本在上升、人口红利在下降；土地自然资源方面看，我国土地制度应该承认带有明显的僵化落后特征，自然资源的粗放和低效耗用也是越来越不能为可持续发展所接受的一种必须改变的现实；在资本作用方面，与实体经济多样化融资和升级换代相匹配的金融支持是不足的，金融压抑还相当明显，常规投资的“边际效益递减”已趋明显；在进一步创新方面，首先是创新主体需要有创新能力的人，而我们的教育体制扭曲僵化，科技创新驱动力在科技人员物质条件得到改善、统计上的科技成果也在上升过程中，真正的科技竞争力却没有同步提升，应该承认我们科技创新的驱动力还是比较弱的，很多科技投入真正能产生绩效的特征远远不能令人满意，光是“科研经费使用怎么有效”就已经争论多年，实际生活中我们还是看到这方面机制的僵化和落后。在制度供给视角看，应该承认，政府职能转变和改革是不到位的，我们的制度供给仍然在现实发展过程中表现出严重滞后的种种特征。所有这些，都在呼唤实质性地深化改革。

原来长期侧重刺激需求的中国为何此时要转向供给侧？

贾康：2015 年中央经济工作会议强调指出，推进供给侧结构性改革，是适应和引领经济发展新常态的重大创新，是适应国际金融危机发生后综合国力竞争新形势的主动选择，是打造经济升级版的必然要求。当前，从“新常态”概念看，经济运行中“新”显然已明朗化，但是“常”还没有实现，需要在运行中完成探底，在整个经济企稳后对接“增长质量提升”，而且尽可能长久地形成中高速增长平台。为了处理好新阶段“动力机制转换和优化”问题，需要考虑“怎么促使微观经济主体潜力和活力充分释放”，从应对亚洲金融危机和世界金融危机冲击的实践来看，我国在“反周期”总量调控为主的需求管理轨道上，继续可用的调控手段和作用空间已明显受限，亟须注重在整个经济体系的供给侧，正确地把握和改善环境、机制，更加强调“中国特色宏观调控必须注重理性的供给管理”。

我国是世界上最大的发展中国家和最大的二元经济体，为解决好“三农”问题，需要在广阔的国土上积极稳妥地推进农业产业化，配合新型工业化、合理城镇化以及基本公共服务均等化。所以在“十三五”规划这一全面小康社会建设的决胜阶段，实施扶贫攻坚社会主义新农村建设和城乡一体化的举措，需要大量供给端的支持。考虑到新常态下对应的是经济增长方式的转变，为了有效促进这一转变，还必须坚定不移地贯彻走创新型国家之路，科技创新又需要管理创新、制度创新打开其空间——在经济社会转轨过程中我们别无选择，必须支撑全面改革，包括垫付必要的转轨成本。另外在区域协调发展、国防建设等等方面，我们仍然需要投入可观的供给侧要素。所以在我们已经形成的现阶段宏观政策搭配的基础上，应该坚持适当扩张需求的同时很清晰地在供给侧发力，有所区别地对于“三农”、社会保障、区域协调、自主创新、节能降耗、生态保护、深化改革等问题，加大要素投入力度，促进机制创新改进。这种供给管理是加强我们经济社会中的薄弱环节、增加国民经济中有效供给和可持续发展的支撑条件，而且是激发微观主体活力、增强经济发展动力的环境建设的客观需要。这方面做出的努力，只会改进而不会恶化总供需平衡状态，只会有利于维护“又好又快”的发展局面，而不会助长下一期的通货膨胀和经济过热。

现在，中国经济下行中最主要的矛盾方面，确实是大家已经在担心的通货紧缩压力。但我们只有特别注意区别对待的“有效供给”，把供给管理摆在长期视野中，才能增强在国际竞争环境中的综合竞争力和发展的后劲，才能在防范通缩的同时打造引领“新常态”的经济升级版。所以，就必须更多地对供给侧结构问题加以强调和优化。

作为一个转轨中的发展中大国，我们要追求“追赶—赶超”、后来居上的现代化。过去我们更多依靠“后发优势”，现在必须努力转为更多地争取供给侧发力的“先发优势”，这样一个大思路定位必然是守正出奇，在充分尊重市场主体决定性作用的同时，在政府职能方面有意识地把总量型需求管理与结构型供给管理相互结合，特别把理性供给管理作为“十三五”规划及中长期中国经济升级发展、可持续发展的内在要求和重要组成部分，并紧密结合“有效制度供给”这一改革的关键。

“供给侧结构性改革”需要注意把握哪些重点和要领？

贾康：中国的供给侧结构性改革实为以深化改革为核心内涵进一步解放生产力、实现机制转型的系统工程。

我们“新供给经济学”研究群体关于供给侧结构性改革的基本政策主张，可以概括为“八双、五并重”。首先是以改革统领全局，以“双创、双化、双减、双扩、双转、双进、双到位、双配套”引领我国经济可持续健康发展。具体为：

“双创”——走创新型国家之路和大力鼓励创业。

“双化”——推进新型城镇化和促进产业优化。

“双减”——加快实施以结构性减税为重点的税费改革和大幅度地减少行政审批。

“双扩”——对外开放格局和新的国际竞争局面之下，扩大中国对亚非拉的开放融和，以及适度扩大在增长方面基于质量和结构效益的投资规模（对于消费的提振当然是比较重要的，已经有了不少研究成果和重视程度的明显提高，但是对于投资这方面的进一步认识，我们认为也需要强调，所以放在“双扩”概念之下来体现）。

“双转”——尽快实施我国人口政策中从放开城镇体制内“一胎化”管制向逐步适当鼓励生育的转变，和积极促进国有资产收益和存量向社保与公共服务领域的转置。

“双进”——在国有、非国有经济发挥各自优势协调发展方面，应该是共同进步，需要摒弃那种非此即彼截然互斥的思维，在“混合所有制”的重要概念之下，完善以“共赢”为特征的社会主义市场经济基本经济制度的现代化实现形式。

“双到位”——促使政府、市场发挥各自应有作用，双到位地良性互动、互补和合作（这方面的分析认识，需扩展到中国势必要发展起来的第三部门，即志愿者组织、公益慈善界的非政府组织、非营利组织，这些概念之下的一些越来越活跃的群体，应该在社会主体的互动中间发挥他们的潜力。我们非常看重国际上已高度重视的公私合作伙伴关系——PPP模式，在此模式之下寻求共赢，应该是最基本的认识视角）。

“双配套”——尽快实施新一轮“价、税、财”配套改革，和积极地、实质性地推进金融配套改革。

“五并重”的基本内容：

第一，“五年规划”与“四十年规划”并重，研究制定基于全球视野的国家中长期发展战略。

第二，“法治经济”与“文化经济”并重，注重积极逐步打造国家“软实力”。

第三，“海上丝绸之路”和“陆上丝绸之路”并重，有效应对全球政治经济格局演变。

第四，柔性参与TPP与独立开展经济合作区谈判并重，主动参与国际贸易和投资规则的制定。

第五，高调推动国际货币体系改革与低调推进人民币国际化并重。

面对“十三五”规划及更长一段时期改革的侧重点来看，我们主要强调五个大的方面，也是结合供给侧五大要素动力源分析形成的一套看法。

第一，立即调整人口政策，从控制人口数量转向优化实施人口资本战略。我们非常高兴地看到，党的十八届五中全会中明确地宣布人口政策进一步调整，在“单独两孩”政策宣布之后，党的十八届五中全会又进一步推动“放开两孩”。以后还可以考虑在动态优化过程中，进一步把人口政策适应于人口结构化中长期发展需要。这方面的思路，应该是将“以计划经济重点针对体制内人群的人口控制”过渡到“以整个社会全面优生和提高人口质量为核心的人口战略”，同时进一步改写“以教育和提升创新能力为核心”的人口资本战略。

第二，积极审慎地推动土地制度改革，逐步建立城乡统一的土地流转制度，涉及大量的不同意见的争论和提出我们主要的意见建议。我们特别看重，从长期来看，在可做的促进农村集体土地流转等这些必要改革措施之后，有可能借鉴深圳特区的经验，最后对接到远景上“国有平台，整合分类，权益求平，渐进归一”的境界上去。现实生活中，深圳的经验又不能草率、简单地在别的地方马上仿效，但从把土地作为一个极为重要、非常关键的生产要素的确权和流转的基础上，我们应该心存一个长远目标，对接到一个真正符合中国特色社会主义市场经济长久运行的状态上。我们在这个方面已提出了可以展开的一套意见建议。

第三，应该全面实施金融改革，积极解除金融抑制，有效支持实体经济。在利率市场化、人民币国际化方面，已经无法回避一些带有决定性、关键性的改革举措。虽然还有不同意见的争议，但是总体来说，大势所趋之下推进改革应该积极地掌握，这样才能解除金融抑制，把金融多样化的改革进程对接到支持中国实体经济的升级换代，这种实体经济的升级换代直接关系到我们“跨越中等收入陷阱”。

第四，切实以改革为企业经营创业活动松绑、减负，激发微观经济的活力。大家都在注意，从自贸区为标杆的、进一步简政放权、降低门槛、负面清单、打造高标准法制化的营商环境，以及社保按照五中全会明确的“把基本养老保障统筹提到全社会层次”，同时要调整整个税费体系、降低企业实际负担，等等，有很多可做之事。这些改革是通过问题导向在制度供给方面发力，来使企业经营创业活动进一步得到“海阔凭鱼跃，天高任鸟飞”的环境和条件。

第五，实施教育改革和创新驱动战略。只有这样才能培养高水平的人才，有效建设创新型国家。这里面一系列的机制方面的优化，都是要做专题研究的。

以上这些，还需要与行政、财政、国企、收入分配、价格、投融资等方面的综合配套改革结合起来。

如何在供需政策调控的转变过程中取得动态平衡？

贾康：首先，我们需要从指导政策的理论层面，打通需求管理和供给管理，这里绝不是相互排斥、一去一存的替代关系。传统的经济学理论框架，与实际调控对应性的认知仍不够清晰，我们需要在反思与创新基础上把中外所有的实践启示打通，理论联系实际，形成提升经济学水准的认知框架。我们必须承认需求的原生意义，但是人类历史一步一步走来，真正区分出不同时代、不同阶段的是供给侧变革。世界和中国面临的现实中的问题是非完全竞争的市场环境，要求人们必须加强供给侧对其中复杂变量的分析和认识。人们已有所了解和看重的主要还是美国供给学派给我们的启示，即怎么通过减税激发供给方面的活力，但中国处理供给侧问题要远为开阔、复杂，特别是要加上一套非常重要而前人讨论不足的制度供给问题：制度供给的同义词就是改革，而改革进入深水区以后困难重重。中国的供给侧发力，涉及怎么样打造升级版的应对资源环境矛盾凸显压力的调控，以及走向现代国家治理必须面对与解决的结构调整、收入分配、财产配置等相关的制度建设这一系列挑战。

我们提出，应该从人、物的角度打通供给侧和需求侧的认识，要把所有经济学的认识成果和我们探讨的包括制度经济学方面的认识，提升到需求侧、供给侧打通的经济学框架体系。

在这样打通的经济理论框架指导下，我们的调控思路首先必须明确：中国当下的改革，就是要把"让市场充分起作用"作为政府的哲理。具体表现为只要经济在可接受运行区间内，政府绝不贸然启动短期刺激方案，这一点非常必要。中国前面两次应对危机有非常多的值得肯定之处，但政府大规模总量强力刺激的同时，客观助长了"政府万能"倾向，更凸显了我们的改革滞后。现在按照全面改革取向，让市场充分发挥作用，只要在可接受的就业水平之上和可接受的物价之下，就应让结构调整在市场力量主导下淘汰落后、过剩产能。政府约束自己的作用、推进放权这样的改革，事实上会受到很多阻力与困扰，但坚持这一要领事关全局、事关长远。

大家都意识到中国运行当中矛盾凸显，化解矛盾特别需要的是，在需求管理和供给管理结合起来以后，在供给侧区别对待，突出经济手段为主的机制，这个机制要作系统化的创新。一方面，不是绝对不采取刺激政策，在经济下行曲线较为陡峭时，合理范围内的需求管理措施是必要的；另一方面，采取需求侧刺激政策时，一定要特别注重结合供给管理，综合考虑供给侧效果，如我们所倡导的“聪明投资”，即选择性的有效投资，这些正是将供需调控有机结合，更多从供给体系改进方面发力，从而实现动态平衡的必要手段。

“供给侧结构性改革”将给中国经济发展带来哪些变化?

贾康：供给侧结构性改革如果能够顺利实施，将会增强我国在国际竞争环境中的综合竞争力和发展后劲，从而有助于我国未来跨越所谓的“中等收入陷阱”。

中国作为一个发展中大国，追求“追赶—赶超”式后来居上的现代化，大思路定位必然是“守正出奇”，在充分尊重市场在资源配置中起决定性作用的同时，也在政府职能方面有意识地把总量型需求管理与结构型供给管理相互紧密结合，特别是把理性的供给管理作为“十三五”规划及长时期内“更好发挥政府作用”的中国特色社会主义市场经济的内在要求和重要组成部分。

我们特别应当注重制度供给，在新的时期以全面改革为核心，来促进供给端解放生产力、提升竞争力，以此生成经济社会升级版所需的有效供给环境条件，解除供给约束，推动改革创新“攻坚克难”、冲破利益固化的樊篱，充分激发微观经济主体活力。这是续接和有效增强经济增长动力的“关键一招”，也是从要素投入、粗放增长转向供给升级、集约增长，引领市场潮流而创造需求，得以实质性联通“脱胎换骨、凤凰涅槃”式结构调整的主要着力点。

总之，我们认为，中国经济社会发展的现代化进程，已经到达一个非比寻常的关键时期和历史性的考验关口，仅仅以短中期调控的需求管理已经不能适应客观需要，应当及时引入以制度供给为核心，以改革委统领的“新供给管理方略”。针对中国经济社会的重大现实问题，“中西医”结合多管齐下、共收疗效，为适应中国新一轮经济发展中打造有效动力机制的总体要求，特别注重从供给侧入手。针对当前和今后一个时期的突出问题和矛盾，从微观主体（即创业、创新、创造）的市场主体层面，释放经济社会的潜力和活力，托举中国经济的潜在增长率，促进总供需平衡，加快增长方式转变，这样才能为实现中华民族复兴的伟大“中国梦”扫清道路。